清华大学文科出版基金
QINGHUADAXUEWENKECHUBANJIJIN

质性方法
在管理与营销研究中的应用

A Qualitative Approach to Management
and Marketing Research

刘 茜 著

清华大学出版社
北京

内 容 简 介

作者结合自身的研究和教学经验，把概念解析、技巧描述、经典解读相结合，完成了《质性方法：在管理与营销研究中的应用》，旨在帮助博士研究生、硕士研究生和其他学者领会阐释主义质性研究的理论精髓，理解质性研究从构思到方法设计和执行，再到数据分析和呈现等各个环节的理论依据和学术逻辑，学会独立设计和开展原创性的质性研究，实现文化发现。

图书在版编目（CIP）数据

质性方法：在管理与营销研究中的应用 / 刘茜著 . —北京：清华大学出版社，2020.5
ISBN 978-7-302-55422-6

Ⅰ.①质…　Ⅱ.①刘…　Ⅲ.①社会科学－研究方法　Ⅳ.① C3

中国版本图书馆 CIP 数据核字 (2020) 第 084813 号

责任编辑：刘志彬　朱晓瑞
封面设计：常雪影
版式设计：方加青
责任校对：王荣静
责任印制：沈　露

出版发行：清华大学出版社
　　　网　　　址：http://www.tup.com.cn，http://www.wqbook.com
　　　地　　　址：北京清华大学学研大厦 A 座　　　　邮　　编：100084
　　　社 总 机：010-62770175　　　　　　　　　　邮　　购：010-62786544
　　　投稿与读者服务：010-62776969，c-service@tup.tsinghua.edu.cn
　　　质 量 反 馈：010-62772015，zhiliang@tup.tsinghua.edu.cn
印 装 者：三河市金元印装有限公司
经　　销：全国新华书店
开　　本：170mm×240mm　　　印　张：11.75　　　字　数：156 千字
版　　次：2020 年 7 月第 1 版　　　印　次：2020 年 7 月第 1 次印刷
定　　价：79.00 元

产品编号：087288-01

前言
Preface

在一次田野调查中，我们发现研究地企业刚刚上任了一位品牌总监。那是一家创业型的公司，当时还处在有机发展的阶段，有着文艺的工作氛围，员工之间的工作关系感觉更像是一个大家庭里面家庭成员之间的关系。而新任品牌总监在工作中的一招一式都表明他是一位被服装行业培养多年的注重市场导向，又很中规中矩的职业经理人。他的沟通方式和决策模式，与那家企业非常不匹配。我们当时预测，新总监也许很快就会离职。

在上海，新近出现了一些冰淇淋品牌，宣称要以口味离奇、选择丰富、产品翻新迅速等特征来挑战传统的冰淇淋品牌哈根达斯。这些品牌的创始人大多有公共关系或者营销背景，深谙应用社交媒体拉动用户关注之道。他们有可能改变年轻消费者的消费习惯，进而撼动大品牌在年轻人心中的地位吗？这些品牌会是快消品与社交媒体相结合的又一昙花一现式的创新幻想吗？

在以上场景中，不同的研究者会识别不同的研究问题。场景中的社会和文化意义上的特征、机制、机理和影响，是质性研究的经典研究内容。这本书将系统介绍质性研究的构思和设计，各种研究方法的依据和使用，质性数据的分析和阐释，以及质性研究对学术成果的呈现。在正式介绍质性研究方法在管理和营销研究中的应用之前，先澄清以下四个问题。

1. 质性研究可以研究什么？

从大的范围来看，营销研究的内容有两类，一类是与企业相关的，一类是与消费者相关的。营销管理，对应的英文是"Marketing Management"，第二个"M"，也就是营销中管理的一面在多数研究构思中都没有得到足够的重视。这种倾向的结果就是过多地关注企业在营销范畴内的外在表现，比如广告宣传、市场活动、提供的产品和服务、渠道布局等，而忽略了营销决策中企业内部的动态机制。营销战略制订和执行中，企业内部的管理行为很少进入研究视野。与此相关，营销职能中的从业人员，他们在职场中的生存和体验，他们对营销工作的理解和推进，也研究得较少。以往积累的对销售人员的研究，对一线服务人员的研究中，关注的情境多是企业与客户或者用户之间的界面，而不是这些人员在企业营销战略的形成中是如何扮演各自角色的，如何影响和塑造了企业的营销行为的。

在消费者和消费的范畴内，很多品牌相信，要对消费者进行"教育"，否则消费者不了解产品或者服务的价值，也不会按照企业希望的方式对产品和服务进行消费。实际上，不难看到这样的情况，就是某个品牌市场表现很好，在忠实消费者中很受欢迎，如果仔细探究，就能发现消费者的消费模式并非企业希望他们采纳的方式，但是消费者在自己的消费模式里实现甚至开发出了产品的独特价值。比如，一个有争议的品牌却成为他们身份建构中的重要资源。这些行为和它们背后的是社会和文化的过程，而不是心理因素。与其说研究的是消费者，不如说研究的是消费和消费文化，后者更精确，是把消费者和他们的行为放到更广阔的，也更微妙的社会和文化话语环境里进行探索。

消费中有一个常见的情形是家庭购买的很多产品是要给小孩用的。这个决策中，不同的人扮演了不同的角色。比如小孩看到了一种电子产品，会缠着父母买一个给他。这个时候，妈妈可能要做一下研究和比较，看看哪个品牌好，确定了之后，可能是爸爸使用微信付款。回到家里，有一位当眼科医生的姑姑说这个东西对视力不好，要限定小孩每次的使用时间。决策单元 (decision making unit) 是消费品营销实践中较为熟悉的概念。在这些表象下面，在更深一层，可能会发现这个小单元里边的权力关系实际上影响着它工作的方式和最后达成的效果。表面的决策者和具体品类选择上的真正权威者很有可能不是同一个人，在实际购买环节，决策者的意见也许会被搁置到一旁。儿童用品的购买决策往往还会受到代际育儿观念冲突的影响，导致了儿童用品购买中表现出某种独特的规律性。研究者也可以去洞察家庭环境里边某一个时尚的儿童产品是怎样被赋予了社会意义从而变成了一个符号的。中国有正在形成的社会阶层和独特的消费群体，他们的消费是充满文化、社会和情感意义的空间，在此演绎出来的行动背后的机制，都处在心理学和行为科学所能提供的解释之外。此外，消费中有很多活动是在私人的环境里完成的，这些活动和其中衍生出来的价值也许正是购买的终极驱动因素，在当前消费者有关的研究议程上受到的关注却非常不足。

企业可以是组织层面的主体，消费者可以是个体层面的主体。与之相对应，企业也可以被视为群体，是供给方，消费者群体则是需求方，双方共同存在于一个系统里，营销学科称之为市场，社会学上有场域的说法。那么，双方是如何来确定和维护共处规则的，比如价格的结构？当双方力量对比发生变化时，新的均衡是如何被磋商出来的？另外一个方面，一个新的市场是怎么慢慢形成的？消费潮流是怎样出现的？企业和消费者都扮演了什么角色？政策制定机构又起了什么作用？

综合以上三个方面，如果想洞察企业、消费者、市场是怎样做出行为的，或者想进一步揭示它们何以做出了这些行为，就需要借助质性研究来回答这些问题。质性研究的独特价值在于能够解释"是什么""怎么样"和"为什么"。

2. 从谁的视角进行研究？

在更深的层次，这是一个关于我们为什么从事学术研究的问题。学术文章，都会有一部分专门论述研究的"实践意义""对管理的启示"等，言外之意，研究是站在企业的立场上，是为改进企业实践服务的，或者是站在经理人的立场上，为了把工作做好，找出成功要素，加以推广，让工作更有效率，效果更好。除此之外，还可以从学者的角度做这个研究，比如，研究是为了更好地理解市场中供求双方的权力对比，或者更贴切地揭示企业营销活动的社会和文化影响，等等。在第二种情况下，研究虽然也是以学者身份做的，研究关注的也是企业实践，但是把营销和消费当作社会的、文化的，甚至是政治的现象来看待。

那么，为什么要讨论站在谁的立场上开展研究这个问题呢？站在怎样的立场上，从营销和管理活动中哪一相关利益方的角度出发，会直接影响一位学者或一项研究关心什么话题。或者说，角度不同时，面对同样的现象，我们会对不同的方面有意识，表现出不同的关切，问出不同的问题。因此，研究是没有中立的，即便独立的学者，也不是完全中立的。这是一种固有文化上的偏差，有些是主动的选择，有些是无意识的，表现出来的是学术气质。需要指出的是，文化上的偏差有一种表现形式，就是"特权带来的偏差"。一位有经验的资深研究者和一位年轻的经验有限的研究者，即便在同一家企业里，面对同一个消费实践，提出的问题也可能是不同的。由此给研究带来局限性，比如，对一些关键因素和机制的无视，或者对某种状态的想当然，是研究者在研究设计和研究过程中需要有意识去克服的。

3. 质性研究有哪些独特的价值？

有一种对质性研究的偏见，就是质性研究是大样本量化研究的基础，比如设计调查问卷前需要对符合样本特征的个人进行访谈，从而确定问卷中设定的问题和选项。事实上，质性研究本身就是一种科学的、独立的、合理的、能够从现象中获得深刻洞见的选择。在本书第 1 章讲解研究设计时，会进一步说明具体数据收集方法和研究目标之间的匹配问题。在此，只从宏观趋势的角度，来说明质性研究对于知识生产的独特价值。

质性研究是对尚未被理论化的现象进行探索性研究时的首选方式。在这个过程中，很多时候需要先回答"是什么"，比如对关注的现象进行概念化，识别这个概念具体有哪些维度，有哪些特征，涉及哪些过程，等等。更进一步，研究者会探究"怎么样"和"为什么"。接着上面的举例，新概念所涵摄的现象是怎样出现的？怎样演变的？在其所处的特定情境中，结构性的原因是怎样促成了这个现象出现的？或者为什么这个现象表现出它特有的特点？这其中文化、社会、技术、政治等方面的因素有什么影响？现象的参与者、相关利益方和当事人在各种影响得以落地的过程中扮演了什么角色？……诸如此类的问题的提出，深受研究者所持有的基本假定的影响。倾向于这样提问的研究者一般认可机构成员和消费者能够发挥主观能动性的说法，认为他们是社会和文化的产品，同时也参与形塑社会和文化机制。

那么，从普遍意义上来讲，尚未被理论化的营销和管理现象可能在哪里存在呢？首先是跟新技术有关的场景。社交媒体的兴起，让消费者在线上建立了自己的存在，比如社群。那么线上空间的活动与惯常的消费者活动有哪些不同？为什么？对于企业而言，社交媒体似乎是营销传播和市场活动中必需的配置。然而，新近出现的传播渠道，到底怎么用？怎样评估效果？有哪些风险？这些问题对于企业营销从业人员来说，都是新的挑战，没有标准答案。他们对新技术的认识甚至没有研究支持，都是来自于实践的零散印象。在此，非常适合质性研究的问题就出来了：面对新兴传播技术，企业的营销决策是怎样做出来的？营销从业人员是如何应对和处理自己工作场景中这些新的现实的？

其次，是跟新的社会阶层有关的场景。都说新兴中产阶级的出现是市场营销的福音。事实上，对这个所谓新的阶层的消费养成，目前了解得还很少。比如，这个阶层内部也是分层的，那么他们在消费选择上有哪些不同？这些不同又是怎样形成的？另一个在消费升级的背景下变得很突出的方面就是，新的日常消费模式。我们的研究表明，真正的消费升级是审美品味的升级。也就是说，特定阶层的人群开始把曾经被认为是没有功能性的品类纳入到了日常消费中，目的只是满足自身的内心愉悦和美学体验。这就涉及品味养成的问题，以及其中的机制是什么。

最后，是以上两个场景与中国情境交叠的场景。情境本身不能作为研究的对象，研究要聚焦的是情境中独特的现象。说到情境，需要明确指出，它与背景是不同意义上的概念。后者是对基本条件的介绍，前者是研究背景中的结构性因素，是被研究者理论化的现象得以出现的必须条件。把社交媒体、新兴社会阶层、中国的社会文化情境结合起来，然后去探查一个营销或者消费现象的时候，研究者需要着眼的是他们所识别的现象的本质有没有把营销和消费研究对普遍性的问题的理解推向一个新的高度、新的层次，或者新的视角。

4. 质性研究与量化研究有哪些不同？

对质性研究的兴起有深远影响的一本书是《现实的社会性建构》。这本书的核心论点是真实的现实是不存在的，所谓的现实和现实方方面面的意义都是人们建构出来的。比如，春节前腊月二十几的一个下午，你去一座购物中心观察一个超市里的节日气氛。如果把观察结果转为文字，那么就会有很多版本，虽然描述的是同一个地点的环境和氛围，但是由于个人所处的状态、身份、当时的心情、观察的出发点，甚至所在学科的不同，大家描述出来的"现实"都会不一样，读者看到的也就并非一个现实的呈现。做质性研究，一定要特别明确的是提到社会性(social)的时候，其实潜台词就是有互动的，有交互的。很多时候意义的达成，最终形式的达成，里边往往都有基于利益、价值观、文化导向、权力对比等的磋商，因此不可能是一个理性的过程，这就是社会性建构的意涵。

1986 年，Hirchman 在《营销研究杂志》上发表了一篇理论文章，呼吁同仁来做人文主义导向的营销研究。这里所说的人文主义，事实上就是阐释主义。那么，为什么说阐释主义研究更人文主义呢？因为阐释主义研究起始于对人的局限性，也就是人的特点的承认。基于这个起点，阐释主义承认现实都是人们眼中的现实，是主观建构出来的，而不是说有一个唯一的、可以无限推广的、客观的、真实的存在。这种关于存在的本质的本体论立场，解释了质性研究与量化研究在四个方面上的不同。

质性研究和量化研究的过程是不同的。量化研究开始收集数据之前，研究者对研究问题已经非常确定，表现为已经提出了明确的假设以表达变量之间的关系。因此，量化研究侧重的是前期严谨的准备和后期对一个研究计划的忠实执行，是一个从头到尾的线性过程：数据收集开始前，变量已经被识别和界定，研究者完成了操作设计，明确了怎样测量，怎样编码。正是这些原因，使研究过程有较高的可控性和可预测性。而质性研究，尤其是探索性的研究，开始的时候通常都没有明确的研究问题，有的仅仅是一个方向。开始了数据收集以后，研究者往往要经历多次迭代和反复，其间有可能调整研究方向，有可能需要查找新的文献。同时，在质性研究中，收集数据、分析数据和写作并不是截然断开的几个阶段，而是需要随时并行的有机组成部分。如果说在量化研究中，研究者预先就知道了自己将在哪些方面有所发现，那么在质性研究中，研究者在研究结束之前一般不知道自己到底会经历什么。如果说量化研究考验的是设计和执行，那么质性研究侧重的是呈现。

质性研究和量化研究所依赖的工具不同。量化研究依赖的是结构化的工具，比如问卷，比如实验。这些工具之所以被选择，是因为它们从设计上，就试图最大限度地规避研究者对研究所关注的行为等现象的影响。与此相反，在质性研究中，研究者是最关键的研究"工具"，或者更确切地说，正是研究者个人方面的因素，比如与研究对象建立信任关系的能力，与研究对象深入交流的技巧，敏锐的观察力和洞见力，决定了研究的质量。与之一脉相承，质性研究通常不把研究对象，比如消费者、机构的成员等，当作客体来对待，而是认为研究者处于一个学习和"被教育"的位置，研究对象不是被动地接受访问和研究，而是参与到研究结果的获取中来，对研究结果有着重要的贡献。

鉴于对研究者角色的认识，在质性研究中，数据收集被视为数据生产。以深度访谈为例，访谈谁，问什么问题，问到什么程度，实际上研究者是在不断地做选择的。有的时候，研究者不自觉地做了选择。在这个意义上，数据不是在那儿存在着，由研究者去把它一个一个捡回来，而是研究者在调研的过程中建构出来的。就是说，不同的人在田野观察中，带回来的往往是不同的数据。为什么会有这样的情况？这一方面和质性研究本身的探索性和开放性有关系，同样在一个研究地，两个观察者有可能选择观察不同的方面，沿着截然不同的两条线进行了深入调查。另一方面，质性研究者随时要管理自己的体验和经历，把握方向，比如在访谈中，跟进式的问题问到什么程度，当访谈对象提到一些研究者事先没有想到的话题时，探讨式的交流进行了多少，等等。对这些情况的处理，不同的研究者根据自己的判断，会把握到不同的程度，因而最后的数据一定会有所差异。

在数据分析中，质性研究主要依赖研究者对数据的解释和阐释。受过良好培训的研究者能够很好地应用"有规矩的想象"原则对研究现象获得洞察。必须指出的是，关于各种因素、维度、方面的识别，概念的形成和界定，概念之间的内在联系，都需要灵光一现的创造性来完成。这的确是个主观的过程，与研究者个人的思维和文化气质密切相关。

质性研究和量化研究的数据也是不同的。量化研究最后拿到的数据一定是数字，行为、态度、反应、表情、意愿等最后都是转化成数字的。质性研究也有数据，只不过数据的形式更丰富，比如文字、图像等文本数据，而且这些文本数据通常都是有丰富细节的、生动的数据。跟数据密切相关，量化研究要尽量控制环境对观察对象的影响，质性研究恰恰承认环境或情境就是被观察的一部分。在推崇自然主义的质性研究中，研究者都是在研究对象的日常工作、生活、消费的常规场景中进行数据采集的。同时，情境的塑造和影响作用，也是质性研究中所要观察的重要方面，原因在于研究者认为某种现象只是在某种情况下才会出现，是相对的。正如前面指出的，研究者是质性研究重要的研究工具，研究者的知识结构、个人喜好，甚至所处的社会阶层都会影响研究者看到什么和看出什么。因此，阐释主义的研究不是为了推广。就是说研究了这个现象，并不是为了把对它的发现推广到其他的现象上去。此外，就数据而言，如何使用数据是质性研究中的重点和关键。数据分析中，质性研究的一个技巧是系统的相互比较。比如在访谈数据的分析中，在不同人之间进行的比较。如果研究者觉得性别是研究现象里面一个非常重要的因素，那么他就可能按性别比较。如果另一个研究者认为教育背景是重要的影响因素，那么他就可能基于教育背景，把高级知识分子跟其他人进行比较。更为重要的是，质性研究中的比较不是为了找相同点，而是找一些特例。这与量化研究的思维方式完全不同。先系统地找到特例，顺着探索下去，可能就会发现现象背后有趣的机制。这正是质性研究的魅力所在。

5. 本书的特色与结构

国内营销和管理领域的质性研究绝大多数是案例研究和扎根理论研究。从研究者的基本出发点和目标上来看，这些研究反映了新实证主义的视角。与此不同，本书介绍的几种质性方法适用于阐释主义研究。这不仅能够丰富研究者的方法选择，而且拓宽了研究问题的范畴。阐释主义的质性研究方法在实际执行中充满着不确定性（条件使然的灵活性）。学术界普遍认为，掌握这些方法最有效的途径是在有经验的研究者带领下亲自完成一个课题。对于缺乏这样的机会的学者，阅读前人的研究也是一个重要的学习渠道。2013 年秋季，我首次在清华大学经管学院为营销系和其他管理相关专业的博士生开讲质性研究方法课。我在教学中发现，由于阐释主义研究相对的陌生性，教师的提问、挑战、启发和讲解对于学生充分理解阐释主义研究，深刻领会阐释主义研究在方法选择和应用上的合理性至关重要。为了让读者从这本书中最大程度地受益，本书前四章都包括了 2018 年秋季学期和学生在课堂上围绕两到三篇经典研究的对谈。

　　本书的结构安排如下：第 1 章从研究设计的角度，明确了方法选择中从问题到数据，再到方法，最后到方案的逻辑。第 2 章、第 3 章、第 4 章分别介绍了深度访谈、民族志研究、网络志研究，侧重讲解这三种方法适用的研究问题和具体执行中的原则、技术、技巧等。第 5 章系统介绍了对质性数据进行编码的方法和在编码过程中如何进行理论建构，这里借助了我们研究中的具体实例。第 6 章探讨了如何进行质性研究报告的写作，具体围绕引言的写作、文献回顾的写作、方法的写作和研究发现的写作四个方面展开。

目录
Contents

第 1 章

质性研究设计

｜ 1.1　提出研究问题时的总体考量　｜

研究设计由两方面的工作构成，第一是提出研究问题，第二是计划调研工作的步骤和内容。在阐释主义质性研究中，提出研究问题往往意味着初步确定一个探索的方向。研究问题的提出可能是基于对某种现象的观察，也可能是基于对一些文献的阅读，还有可能是基于临近领域中研究发现带来的启发或者激起的好奇心。无论哪种情况，好的研究问题必须是有趣的、重要的、原创的。说到现象，要留意那些在一种情境中非常突出却不能为现有理论所解释的元素、方面、机制、动态、过程。以后的章节会专门谈到质性研究中的理论化问题。这里需要先做些澄清：在质性研究语境下的理论建构中，理论指的是研究者提出的能够解释他们所关注的现象的一套系统性的思想和见解。因此，所谓**不能被现有理论解释**的理论指的并不是宏大理论。直白地说，现有理论就是指学者们关于一个问题、一个现象中的"**为什么**"和"**怎么样**"的说法。

基于现象提出研究问题时，有两点需要特别注意。第一，有时候一个情境的确很独特，但是研究者研究的不是情境，情境不能代替研究问题，后者需要聚焦到这个情境最显著的，最具特殊性的特征或者动态上来。第二，研究者可以选择以"极端案例"作为研究内容，但是需要论证"极端"的行为、过程、关系机制等在其他情境下其实是广泛存在的，也许只是换了一种形式，也许只是换了一种表现，其实本质上是一样的，只有这样才能有力地确立所要探索的研究问题的重要性。

研究问题的重要性是相对于研究者所在的学术共同体而言的。如果是纯粹的学术研究，那么要有学术上的重要意义，能做出理论贡献。如果是面向实践的学术研究，那么除了为理论问题的认识提供新的见解，还要能够切实指导实践者去改进实践模式，为他们提供可实际操作的建议。前者要求熟悉相关文献。相关文献是一个很宽的范围，一个现象很有可能在多个学科都进入了研究者的视野。跟阐释主义质性研究关系密切的学科领域包括社会学、文化研究，甚至文学批评。比如，下面要讨论的一篇文章，借鉴的就是戏剧理论，作者从戏剧理论的视角，诠释了市场演变的机制。同样的现象在不同的学科语境中，可能有不同的命名，也有各自的侧重，但是又有很多的关联。一个比较经典的例子就是社会学中有亚文化的概念，而围绕品牌或者消费模式形成的亚文化在营销领域通常被叫作品牌社群、消费社群、品牌部落等。在做文献回顾时，研究者需要对临近领域的动态也保持跟进，做到有所了解，以保证对相关理论研究进展的把握是扎实准确的，进而有可能在本领域熟悉的问题上获得新的灵感。

文献回顾不是简单的阅读，而是通过梳理当前相关研究，对相关理论见解进行总结，抓住趋势性的、反映总体现状和走向的特征。Belk 等（2013）建议研究者在阅读相关文献时，要重点留意以下三个方面：

1. 学术共同体普遍应用，但是尚未被系统探讨过的概念；

2. 学术共同体普遍接受和遵循，但其实并不适用于所有情境的惯常假定；

3. 学术共同体尚未充分认识，或者彻底忽略的过程。

在下面的经典文献研读一节中将以具体实例解释如何从这三个方面入手，提出重要的、原创性的研究问题。研究问题的提出也是为研究定下基调，相当于让研究者本人在研究中，让学术同行在阅读研究成果时，都能预先看到这个研究会在哪个更大的方面做出理论贡献。

在实际进行的研究中，被类似的文献"武装"起来，面对同一个情境的研究者可能提出非常不同的问题，表现出不同的关切。这种差异与研究者在范式或者研究传统上的倾向有关。对质性研究者的思想气质，包括他们在本体论、认识论、方法论等基本层面的立场，影响较大的几个研究流派有现象学研究、解释学研究、新实证主义研究。受到不同流派影响的研究者在关注点的先天选择上往往不同。现象学研究总体聚焦的是个人生活体验的本质，着重听到每一位个体的声音。也就是说，研究者是为了研究个体的生活世界而研究个体，不是为了对个体所在的群体获得洞见而研究个体。解释学研究关注的是外部环境中的话语和文化逻辑是如何影响和塑造了消费者看待市场，对市场状况做出反应的方式的。新实证主义研究认为因果关系预测的模式过于机械，并不适合对社会现象的研究，但是识别社会现象中的规律和趋势，对其中的相关性和可能性做出解释不仅是可能的，而且是值得追求的。这类研究的目的不是为下一步所谓更科学、更先进的量化研究打基础，它们本身就是有价值的、有学术合法性的研究。新实证主义研究通常围绕导致一个现象出现的因素和一个现象发生所带来的影响提出研究问题。

| 1.2　选择数据采集方法时的总体考量 |

有了研究问题以后，研究者必须要追问：要回答这些问题，必须得有哪些数据？怎样才能获得这些数据？在阐释主义研究中，有学者强调研究者对研究过程不可避免的主观影响，主张使用生成数据（generation of data）的说法。本书认可关于研究者建构性角色的观点，但是出于表述方便和交流顺畅的考虑，沿用收集 / 采集数据（collection of data）的说法。

　　不同范式下的研究，需要借助不同种类和性质的数据。如果是从现象学的角度进行研究，那么首先可以肯定的是研究者不需要观察，原因在于，研究对象对自身体验和经历的反思不能通过观察捕捉到。而让研究对象记日记、给自己写信等方法才与研究者了解研究对象的想法和感受的目标相匹配。此外，深度访谈也能提供必需的数据。只不过现象学研究中的深度访谈，需要研究者多问研究对象内心导向的问题。这个过程中，研究者要尽量克制自己，不去过多地引导研究对象，把重点放在让研究对象多去讲述其当前体验的意涵上。

　　解释学研究中，为了解外部社会文化环境因素对研究对象行为和体验的影响，研究者需要大量地借助深度访谈数据。此时的访谈一定要侧重了解社会文化环境中的观念和舆论导向等对研究对象的想法和行动所产生的促进和推动作用，不能像现象学研究中那样关注研究对象的内心世界和心路历程。研究对象对其想法的自我表达是解释学研究中的重要数据。很多时候，人们的做法是不由自主的，对于到底是什么想法让自己做出一些行动往往没有明确的意识。因此，在解释学研究中，数据收集工作必须包括观察的环节。观察也能够为研究者洞察研究对象所言与所行之间的不一致提供有价值的数据，为提高深度描述和理论阐释的趣味性和洞见性奠定基础。解释学研究中，为了把研究现象放到一个历史的、社会的情境下，研究者通常还需要挖掘和分析纸质传媒和网络空间中的相关档案类数据。总体而言，民族志和网络志都提供了与解释学研究议题相适合的数据收集方法。新实证主义研究有时候被称为（比较）案例研究，研究者需要收集所有有助于洞察案例本质的数据，需要进行比较分析和三角验证。深度访谈虽然能够提供了解当事人视角的数据，但是这一流派的研究不能仅仅依赖深访数据。借助实地观察、历史文件、影像资料、问卷调查等方法，研究者从研究问题出发，寻找任何与研究现象有关的口头、书面、观察数据。

| 1.3 经典文献研读 |

这个部分呈现的是本书作者（PL）与学生（DS）就四篇文章的研究设计进行的讨论。重点探讨：每篇文章关注的大的问题是什么？其方法的选择和安排为什么是得当和必要的？

1.Arsel, Z. & Thompson, C. (2011). Demythologizing Consumption Practices: How Consumers Protect Their Field-Dependent Identity Investments from Devaluing Marketplace Myths. *Journal of Consumer Research,* 37 (February): 791-806.

导读

这篇文章挑战的是一个惯常的假定——市场"迷思"是消费者建构身份认同的时候所使用的资源。迷思指的是从来没有被直接证明，通常与事实相悖，却被广泛接受的集体信仰。研究者指出，围绕嬉皮士文化的迷思对独立音乐消费者的身份认同不仅没有提升作用，而且还产生了污名化的影响。研究关注独立音乐消费者是如何通过"去迷思化"，而不是常识所认为的利用迷思的行动，来应对自身投入的贬值。独立音乐消费代表着重要的消费场景，这个场景的本质特征是消费者曾经的身份建构资源正在变成一种负面身份符号，而消费者以往的独立音乐消费已经形成了大量投入，这种情形下，消费者怎么办？是彻底摒弃原来的生活方式，还是慢慢淡出，还是逆流而上，发挥更多的主观能动性，重新找回自己手中资源的价值？这是一种有普遍意义的现象，有学术上的重要性。

DS：作者的研究问题，就在这个题目里面。消费者怎么样去保护他们在个人身份认同上的投资，不受让这些投资贬值的市场迷思的影响。作者首先提到了研究的背景，以及之前的一些相关研究。之前的研究认为市场迷思（market myth）是一种文化资源，可以帮助消费者建立并且提升他们的文化资本（cultural capital），从而吸引消费者去消费一些品牌和产品。但是，作者指出，有一些市场迷思会带来审美趣味琐碎化和平庸化的问题，而且会有贬值现象的发生，这意味着对消费者的社会资本（social capital）和文化资本的一种威胁。在这种情境下，消费者就会进行保护、反击，让他们的身份认同和市场迷思区别开来，也就是去迷思化的过程。

PL：什么是"myth"？这个概念和它所指的现象在质性研究里面被关注得比较多。

DS：我们以前上课的时候，宏观理论里面有一个理性迷思（rational myth），指一个东西并不是那么科学，但是相当于走的人多了就成了路，很多人相信这个东西是真实的或存在的，使得大家不得不去接受它是一个真实的或者存在的东西。

PL：我给大家读读英文的解释："Unproved or false collective belief that is used to justify a social institution." "myth"就是没有被证实的或者是伪的群体信念。那么这个信念有什么后果和影响？后果和影响就是这种没有被证实的，或者错误的群体信念被用来为一些社会制度的合理化、合法化提供理由。

DS：作者先举了两个例子，一个是哈雷摩托，另一个是 Star Trek。现在网红奶茶也是类似市场的迷思，不知道怎么回事，好像现在喝某茶变成一种潮流。

PL：认为这个（喝某茶）好，那这种行为是怎么来合理化社会制度的呢？或者喝某茶这种消费活动维护了什么社会制度呢？我们得回到迷思这个概念的内涵去分析一个消费现象是否折射了市场迷思。

DS：消费者喝这种奶茶，会通过发微博，显示自己属于这种"小资"

群体，好像过上这种生活一样。

PL：消费活动成为了一个标签吗？

DS：会有社会资本和文化资本在里面，就可以帮人们去建立他们在这个社会的一些存在感、识别感、权利感和地位。

PL：什么是社会资本？社会资本指的是你认识谁，你的社会关系和社交网络。那什么是文化资本？

DS：我知道些什么，这是我自己的文化资本。

PL：对，我知道些什么。还有呢？

DS：我在某一些领域的权威性。

PL：权威意味着能够定义什么是好的，是得体的，什么是不好的，是粗俗的，什么是流行，什么是落伍，这就是一种文化资本。文化资本中比较具体的如学位，还有一种是很隐性的，有些人虽然没有各类文凭，但是确实具有文化上的影响力，就像"网红"。以化妆品为例，有些网红确实能够影响很多人对妆容的理解和偏好，进一步影响他们对化妆品的选择，这也是一种文化资本。

DS：做完这个研究背景介绍之后，作者对去迷思化做了解释。他首先说这个词本身是从哪儿来的，然后在前人的研究当中，怎么样去定义这种消费者自发的去迷思化过程。

PL：也就是去迷思化。

DS：之后作者顺势指出了研究对象、研究问题和研究过程。这个放在了第二部分。第三部分，作者对研究借鉴的理论做了更系统、更详细的回顾。首先就是关于场域（field）。场域是一个空间，在这个空间当中存在着人们对权利和权威的角逐。通过这样的角逐，建立起来一种阶级或者社会分层，有一些人可能就处在阶级的高层，拥有权威性，拥有权力。他把场域也比作了一种游戏。在这种游戏中，人们按照一定的规则去竞争不同的资源。根据资源的多少去决定人们的地位。

说完场域之后，作者又说到了消费场域（the field of the consumption），也就是更加特殊的社会文化场域，并且提出了社会资本和文化资本影响到场域中人们行为的两个很重要的点。作者又提到对场域有所依赖的文化资本。这是这篇文章比较特殊的地方，它强调消费行为是跟某个特殊的场域相关的，而不是一种普遍性的行为，更不是一种微观的个人行为。在这之后，作者提到市场迷思，它们是怎么转变成为一个威胁的。这些部分是跟前人研究相关的一些研究基础，和作者在这基础上进行的建构。第四部分是关于研究方法的介绍，首先他用到的是"phenomenological interview"。

PL："phenomenological interview"是现象学访谈。

DS：在这个过程当中，有两个很重要的点。首先它是非常偶然性地触及到了"hipster culture"（嬉皮士文化）对于研究对象来说的重要意义。之前作者并没有专门研究这个问题，只是在跟消费者的访谈当中，几乎所有访谈对象都提到了"hipster culture"，他觉察到这个问题是值得深度研究的，就像刚刚老师说的质性研究中有很多属于探索中偶然的发现。其次，他对两个研究方法的使用过程是不断重复、层递式的。他做现象学研究，同时做谱系分析（genealogical analysis），使这两个过程不断重复，去深入挖掘作者想要最后研究的问题。

PL：什么是"indie"？

DS：独立音乐人，爱好艺术或者音乐的人。

PL：作者研究的是什么？作者的研究对象是独立音乐消费者（indie consumers），听独立音乐，买独立音乐唱片的消费者。

DS：（作者研究的是）他们是怎么样通过去迷思化的过程，来保护自己原本已经投入的身份认同投资不被逐渐贬值的。

PL：那这个投资指的是什么？

DS：指的是原来积累起来的社会资本和文化资本。

PL：什么是贬值？

DS：贬值就是说原本的与之（独立音乐消费）相连的形象，是比较有价值的。但是因为迷思（的存在），使得他们的这种识别平庸化了。

PL：那这个迷思具体是什么？

DS：迷思的话，作者在这里提到跟"hippies"有关系。

PL：什么是"hippies"？翻译成中文更直接，嬉皮士嘛。嬉皮士文化是什么样的？

DS：嬉皮士文化，如果站在独立音乐消费者角度来说，可能过于标榜一些东西，而不是说自发性的，发自内在的选择。

PL：所以关于嬉皮士文化的市场迷思是什么？它是"好"的，还是"不好"的？

DS：对于处于不同阶层的人来说不一样，后面也做了解释。因为不同阶层最终的去神话的行为是不一样的。比如说已经处在金字塔偏顶端一些的消费者，他们已经拥有了比较多的社会和文化资本，所以他们对于有关嬉皮士的迷思采取鄙视的态度。因为他们本身不用再去借助这个迷思去加强自身的社会资本，反而他们希望从自身权威的角度去鄙视它。而一些处在中层的消费者，他们希望通过对嬉皮士迷思的"去其糟粕，取其精华"，比较清楚地划分出来，嬉皮士里面哪些是好的，哪些是流于形式，是跟风的潮流感，从而去提升他们的话语权，提升他们的权威，并且也跟不好的部分划清界限。还有一些消费者比较特别，他们采用第三种策略。第三种策略的特点就是我不给自己贴上任何一种标签，不论是嬉皮士的标签，还是独立音乐消费者的标签，我都不贴。我就是非常自由，根据我自己的需要去选择我想要的生活方式和消费内容。也就是说，我不完全否定嬉皮士（文化），但是我也不完全去肯定独立音乐的艺术。这是他们三种不同的行为，去定义怎么去抵制（嬉皮士）迷思，保护他们原有的社会和文化的资本以及相应的地位。

PL：这篇文章回答的问题是什么？

DS：回答的问题就是他们是怎么样去保护他们身份认同投资的。

PL：这就又回到什么是投资的问题上来了。这个研究中特别核心的一个概念是消费场域。有的时候场域指的是一个行业，可以把它等同于一个行业。行业里面就有不同的企业、不同的公司，有消费者组成的各种群体，有管理机构等。我们说到消费场域，那么消费场域里面有什么？肯定有品牌，有产品，然后还有什么？还有消费活动，就是消费者围绕着产品服务做了什么。消费场域里当然还有消费者，有消费中形成的或者发挥作用的社会网络，这就是社会资本。那就是说，在一个消费场域里面，有不同的品牌、不同的产品、不同的消费者围绕这些产品和品牌，会有不同的行为，会形成自己的社交网络，会界定出一些标准和"规矩"，比如说你不喝某茶的话，你就不够"潮"；如果你拿一个茶壶或者不锈钢保温杯泡茶喝，那是李达康书记或者中年大叔。消费场域里的社会资本和文化资本大概是这么来的。

我们可以把独立音乐消费看成一个场域，场域就是我们反复强调的"用概念（concepts）思考"中的概念。你再用场域这个概念去看独立音乐消费：在这个场域中，谁来听这个音乐，谁怎么谈论和评价这个音乐，谁怎么说潮流，这里面就有意义系统、文化逻辑、美学品味和权力关系。独立音乐消费场域里还有品牌，嬉皮士文化的特性主要表现在对音乐、艺术、时尚的消费上，因而品牌是关于这三个领域的。场域还有一个方面是消费者做的事情（activities）。消费者做的事情不仅包括行为，比如他们是如何消费的，还有消费者的讲述（narratives），关于消费，关于生活方式，关于嬉皮士文化等的讲述，对外他们是怎么说的，这里就有试图施加影响和塑造场域逻辑的做法，因此是值得关注的行动。最后，场域里的各方中，谁跟谁能形成一种社会网络？

身份认同投资的贬值是独立音乐消费场域里一个重要的动态。那么，怎么就贬值了呢？这得从作者建构的嬉皮士文化的背景说起。文章里面写了一段，嬉皮士文化不是主流的文化，最初跟美国城市黑人文化联系在一起，跟主流的、商业的文化是不融合的。这一点大家看到了吗？嬉皮士文化是跟主流潮流不融合的一种另类文化。

关于这个嬉皮士文化，人们约定俗成地形成了一些群体信仰，认为这些人的穿戴可能比较另类；听的音乐是独立音乐，也比较另类。人们对这种嬉皮士文化圈子，以及对这个圈子里的人在服饰上和音乐上的喜好，形成了共识，就是迷思。大家都那么认为，但这个东西并没有被证明过是真的。这个东西可能还是错的，理解的不是很贴切，这个叫迷思。商家这么想，消费者也这么想，久而久之，这个市场上关于"嬉皮士"消费的迷思就开始流通了。这个背景，大家能理解清楚吗？这个要是不懂，贬值就不好懂了。有一个词叫"污名化"，也是一定范围内的所谓大家约定俗成的集体认识，是负面的，其实与实际不符。关于嬉皮士文化，市场上的认识并不是正面的。

近似污名化的认识，对于独立音乐消费场域里的消费者来讲是好事吗？以往的研究是怎么分析消费者为什么消费某些品牌和产品的？两方面结合起来是什么？结合起来就是消费者在建构身份认同。这是质性研究中很多人的出发点：对于消费品牌和产品，我们不是理性的选择，也不是说基于我个人的性格等心理学变量的行为，而是一种有意识的身份建构，人们需要商品来标识和传递他们到底是谁。顺着这个逻辑，品牌和产品就是消费者在身份建构工作中可以利用的文化资源。上文提到的投入和投资，指的是出于身份认同建构的需要而进行的消费和投入。理论上来讲，你在一个消费场域里面，消费越多，投入越多，越是站在消费的潮头，拥趸也越多，那么你的社会资本和文化资本就越多，这是投资带来的影响。你在一个场域里面怎么投入？花钱、花时间。有的人在网上，比如说一个社区里边或者在现在的社交媒体上，做版主，做群主，做意见领袖，他是在做投资，他在建构文化上的权威。

回到这篇文章上来，以往的学术研究表明，围绕一些品牌形成迷思，在市场上流通，是常见的现象。这种迷思吸引消费者进行消费，可能是购买和使用某个品牌，可能是参与某项消费活动。消费者是把这类迷思当作文化资源来使用的，消费者为了建构身份认同去购买某个品牌的产品，与围绕这个品牌的迷思有很大关系，因为迷思的存在，所以消费者对这一品牌趋之若鹜。以上，是以往研究中的一个普遍的假定（assumption）。

下面来看我们刚才提到的，"怎样提出研究问题"。作者发现大多数学者都是从迷思是文化资源这个基本假定出发的。如果你来做接下去的研究，你就要问，这个假定是不是在所有场合都恰当。作者说，不是。在嬉皮士文化社群的消费中，因为有关嬉皮士的迷思很负面，消费者并没有把这个迷思当作资源来利用。许多人在里边投入了很多东西，这个负面迷思让这些消费者的投资和投入大大贬值。问题来了，也是质性研究中的典型问题，面对投入贬值这个处境，消费者采取了什么行动？

关于投入到底是怎么贬值的，我还要再说一下。嬉皮士文化曾经被看作是另类的，在文章里边作者用一段的篇幅写了，这是一种另类的文化。随着商业社会的发展，从20世纪90年代初期开始，企业征用了嬉皮士文化，另类成为企业为品牌定位的出发点，另类成为提供给消费者的价值。企业这种做法是什么？这种做法叫"appropriation"，翻译成中文是"征用"。原来是自然的存在，是一个亚文化社群在艺术、音乐、时尚选择上表现出来的个性，外界认为另类。现在企业把它拿过来，商业化了，另类具体成商品、品牌，另类成为这些商品和品牌的卖点。原来是一群人自己自发发展起来的一个小圈子的小众文化，现在企业发现这里边有商业机会，有商机，征用它，并将它变成了做市场营销的工具，后果就是嬉皮士文化中激进的一面被模糊了，对中产阶级主流文化的"反叛"被淡忘了，嬉皮士这个称呼唤起的联想主要就是一群使用很酷、很有个性的商品的消费者。

接下来要问的是，企业的这种行为有什么后果，这也是质性研究中经典的研究侧重。由于企业的行为，企业的推广，另类变成什么？企业的行为让另类成为流行。一流行，另类就大众化、平庸化了。一个"东西"从另类走向大众化，就会怎样？就是刚才说的贬值。贬值的是什么？

原来我懂这种另类，只有我在的小圈子成员懂，那么我们是有权威的，小圈子里的人是有权威的。知识、常识、鉴赏力和外在的生活方式都是属于小圈子的（exclusive）。现在另类的变成流行的了，大家都有发言权了，小圈子还有权威吗？原来的投资、投入，由此累积起来的文化资本和社会资本都不算数了。后来，"嬉皮士是潮品酷牌消费者"这个迷思的内涵又丰富了一些，但是多的这层是负面的。嬉皮士的形象是懒散，肤浅，自恋，装腔作势，好糊弄，容易被所谓的潮流牵着走。贬值就是这么发生的。

接下来要问的是，在此中有"既得利益"的消费者（vested consumers），面对贬值的现状会怎么办？采取什么行动？如何应对这种局面（how to cope with the situation）？这又是质性研究中的经典问题。这个问题的提出，对这类问题的关注，体现了后现代主义思潮对消费研究的影响。简单来说，很多人认为消费者不全是被动的，他们是可以主动选择的，可以发挥主观能动性，对应的英文是"agency"。消费者不一定是企业的商业活动被动的接受方，他们在利用品牌、利用产品的时候，有很高的主观能动性，他们很有创意和创造力，会通过发挥自己的主观能动性和创造力，让这个品牌和产品服务于自己，比如嬉皮士对独立音乐、独立艺术、独立时尚的消费。能动性还有一个表现，就是文章说的，当围绕消费模式的市场迷思不仅不足以作为资源被动用，而且还有了越来越多的负面意涵时，消费者想出并采取特定的实践策略，去抵御和化解市场迷思的威胁。文章用的是"practice strategy"，策略是什么意思？策略就是能够达到防止文化资本和社会资本贬值的办法，为了达到这个目的，独立音乐消费者都做了什么？有行为，还有讲述，他们对外怎么说和对外是怎么标榜的。后者是比较容易被忽略的。

在独立消费场域内，消费者不再追捧嬉皮士文化迷思，不再把它作为一种为自身消费选择提供合法性的资源。这个没有了。那么，他们的消费实践，围绕消费所有的一系列行动有什么本质上的特点呢？作者提出，消费者的实践策略的核心是"去迷思化"。相对于市场迷思，相对于负面的刻板印象、污名化形象，消费者一方面鲜明地指出，批评我们的人根本不懂，不承认批评者在美学上的权威，一方面理直气壮地进行跨界消费，我们想怎么样就怎么样，这是我们自己的权利。这个等于提供了很好的证据，市场迷思不再是身份认同建构的资源，而是消费者驳斥和纠正的对象，与以往研究中的共识并不一致。这是这个研究的主要贡献。独立音乐消费场域、独立音乐消费迷思、独立音乐消费去迷思化等细节，大家可以看这篇论文中的图。

DS：逻辑是不是这样的？刚开始像"某登"这种包，大家都去买，因为刚开始大家通过（拥有它）建立这种身份（认同）。后来随着很多假包出现，你会发现有很多"大妈"也拿着"某登"的包，这样的话你感觉这个品牌的价值没有那么高，有一种作者说的污名化。所以很多人转向一些更小众的包的品牌。

PL：不是这样的。按照这个研究的逻辑，品牌和产品还没有变，还是"某登"的包。有人买了好多个（包），花了很多精力去了解该品牌，比如它的工艺啊、历史啊，等等，那么，这些人在这个品牌的总体消费态势里面就有了既得利益。现在，比如说，关于这个品牌的联想里有越来越多的负面成分，拥有几个手袋不再是令人羡慕的了，有人甚至不太好意思把包背出来。这样一来，最直接，以往购置囤积的手袋在身份认同标志这方面的价值就打折扣了，就是作者说的贬值。按照作者的思路想象，发生的事情应该是这样的：这些消费者是"铁杆粉丝"，他们会给很多理由，来证明这个品牌还是一个被认可的奢侈品牌。顺着美学歧视的思路，他们会说，真正了解的我们，真正懂这个品牌的人，一眼就能看出包是不是真的，我们不会管外人怎么说，照样背着这个品牌的包出街。回到文章中，也是这个研究的重要性所在，消费者并没有因为负面迷思而摒弃独立艺术消费场域，他们还在，只不过在消费实践中策略性地努力维护自身在这个场域里面的地位。

DS：像嬉皮士文化里更偏向独立音乐？

PL：是的，这些嬉皮士用对独立艺术、独立音乐、独立时尚的消费来向外边展示他们关于美学、关于符号、关于消费者主权的观念和想法。消费者主权（consumer sovereignty）是特别西化的概念。独立音乐是一种音乐形式，在主流的大的唱片公司主导的市场之外。还有几个概念，跟大家说一下。作者用了现象学访谈的方法。什么叫现象学的访谈？着眼于消费者的生活世界，访谈中问的问题类似于某一个消费或者某一个产品对你来说意味着什么？（What do indie and its consumption mean to you？）在你的生活世界中扮演什么角色？这是属于消费者内心导向的。我们一定不会问，你消费这个是受什么影响？现象学访谈中，希望访谈对象讲都是"我"，都是以"我"为出发点的。我们从现象学的视角进行研究时，除了现象学访谈，还可以让研究对象记日记，从而去了解他们内心的想法。这里面也有一个所谓的问题。是什么呢？问题就是大家每个人都讲自己的故事，结果很难推广。研究者看的是，围绕着一个品牌或者实践，每个消费者心中的意义建构体系，就是这个品牌或实践对于他们来讲意味着什么。呈现出的研究发现，往往是描述性的。作者也提到了解释学研究（hermeneutics research）。"hermeneutics"的意思是阐释的，解经的，给圣经注解的，在字里行间找意思。这类解释学研究试图洞察社会文化观念与消费之间的联结，比如，看哪些文化上的概念和思潮，影响消费者采取了特定的行动。解释学研究更多的关注是社会文化环境里面的因素对消费实践的塑造。文章用较大篇幅构建了嬉皮士文化起源和演变的情境，在这个情境里，独立消费场域表现出了独特的样貌。

这个研究是特别典型的质性研究。这个研究回答的根本问题是：消费者是怎么消费的？他们为什么这样消费？（How do consumers consume？And why？）说到"怎么消费的"，我们感兴趣的是消费实践的本质。回到这篇文章，独立艺术消费场域中，消费实践的本质是对去迷思策略的践行。为什么这个场域中的消费具有这样一种特性？因为消费者意识到市场迷思威胁着他们的文化资本和社会资本的价值，他们要保护自身的既得利益。在这里，我们看到的是消费者和消费场域的关系——当一系列消费实践被赋予，甚至强加了负面意涵的时候，消费者并不是简单地以退出场域和摒弃消费的方式斩断自身和负面形象的联系的。他们以意义的重塑和再造等方式保护自身的文化资本和社会资本不受贬值。消费模式过气了，不流行了，是常见的。近乎污名化的消费模式被抛弃，也是常见的。坚守是少见的，研究起来更有意思，更进一步，要探究在坚守的消费者那里到底发生着什么，让他们不退场。

最后，说一下图中作者的措辞。像美学歧视（aesthetic discrimination），很简练，表达出来的意思却是很丰富的，这背后的提炼也很巧妙。我们都说歧视（discrimination），前面加一个美学来限定，刚好就抓住了问题的核心，在"indie"消费场域里处于元老级的人，说话非常有影响力的这些人，他们能从哪个角度捍卫自身的文化资本和社会资本不被贬值呢？作者说，他们从美学上歧视外边的人，说信奉市场迷思的那些人根本不懂，这一句话就够了，言外之意，真正懂这个东西的就是元老级的人。像其他几个说法，比如"symbolic demarcation""proclaiming consumer sovereignty"，具体是什么，文章里面有阐述。这些都是作者提出的概念，包括去迷思化，作者基于数据提出概念，然后他用数据作为支撑，揭示了这一个个概念代表什么，它们之间的关系是怎样的，这就是他的发现和建构，以层递式理论的形式呈现出来。质性研究讲究用貌似普通但很传神的概念来阐释微妙复杂的关系，这是编码和理论建构的产物。

2. Belk, R., Ger, G. L. & Askegaard, S. (2003). The Fire of Desire: A Multisited Inquiry into Consumer Passion. *Journal of Consumer Research,* 30(3): 326-351.

导读

这篇文章聚焦的是一个学术共同体普遍使用，习以为常，但是几乎没有系统研究过的概念——"欲望"。这是一个有现象学意味的研究，洞悉个人内心体验。但是作者超越了现象学的描述，把个人心理现象阐释为同时受到文化和社会环境影响的心理周期。

DS：有一个既定的概念，这个概念本身很重要，却没有被研究过。就像这篇文章，作者研究的是欲望（desire）具体是什么。首先作者提出来，之前很多人都对消费者的消费动机做了很多研究，找到了很多原因，这些原因都和欲望有关。但是，本身没有一个研究是直接去探究欲望的。作者提出要聚焦在消费行为背后的根本原因和逻辑上，弄清楚欲望到底是什么，更重要的，欲望是怎样"运行"的。作者最后提出了一个模型，关于欲望的各个方面，怎么样促成了消费者的消费行为。

作者界定了这篇文章中激情消费的所指。首先指出他们关注的激情消费与享乐性消费和与美学追求有关的消费不一样，他们关注的激情是消费者对物件本身的欲望。与强迫性消费和冲动型消费也不同。强迫性消费中，消费这个动作本身是有快感的，就是买东西了，消费者最后得到这么一个缓解焦虑的感觉，重点不是买了什么，而是买这种行为。而冲动消费是短期的一种行为，马上就拥有。作者讨论的激情消费是在一个较长时间内对某种物品保持欲望的状态。最后作者区分了一下关于欲望、需要（needs）和想要（wants）这三个概念的不同，提供了一个详细的表格，从一些初始状态到根源等几个方面，都做了比较。作者把需要和想要这两个概念，从研究范围中排除。

作者最后做了质性研究的回顾，对欲望和激情消费的研究非常多，表现出从精神分析向人类学分析转向的趋势。作者想聚焦到消费者日常经历的欲望，并做出一个现象学的解释——我为什么会有一个冲动想去买这个东西，我在有欲望的时候会想什么事情，有什么想法、感受、感情，我最后的购买或者消费的行为是怎样的。作者的方法是有三个，有很多学生写了日记，关于欲望的，描述一个自己想买的东西。让学生们去做访谈，采访大部分非学生的受访者，让他们谈一下对欲望的一些回忆和他们当时的想法。最后作者还有一个方法，叫"projective tasks"，似乎是一些让受访者把自己关于欲望相关的思考，用贴图的方式表现出来。根据这些受访者在贴图里面贴的什么内容，去分析他们到底是怎么想的，想一些什么东西。这个研究是在三个地方进行的，在丹麦、土耳其还有美国，不同的文化背景下人们有不同的表现。受访者都比较年轻，处于中产阶层。

主要有两个发现。第一个是关于在欲望的各种各样的特点，特别是对欲望的对象做了描述，也包括有关欲望的体验会让人们有哪些情感。

第一个特点是"embodied passion"，我理解为就是具象的热情。首先强调消费者在描述自己非常渴望的事情时，会提到这是很热烈的，然后会跟自己的身体的感受产生联动。比如说我感觉"发热"或者我可以想到的颜色是红色。在第一个发现里面也有一些城市中的受访者，更加倾向于消费主义的文化表现。提出了欲望的对象在这个层面是一种可以获得的，但不是必要的东西。

第二个特点是欲望是关于他者（otherness）的。提到了很多受访者会强调自己有欲望时是想要回到其他的时间，包括过去的或者未来的。有些会提到思乡的情绪在里面，比如说我想回到过去的某个什么时候，或者我想回到以前跟家庭生活有关的场景中，这是我对曾经的家庭环境的渴望。除了时间上，还有地点上，比如说提到一些例子说，一个美国的受访者说他很向往日本的道场，向往日本的简约文化。一些土耳其的受访者会说，自己喜欢法国、德国这些地方的一些地中海核心的文化。也有很多受访者希望成为完全不一样的人，如果有机会的话我想移居什么地方，或者我想跟不一样文化的人生活在一起，比如嫁给德国人。

第三个特点是"sociality"，社会性，跟别人的关系。很多人都会提到我如果想要什么东西，其实并不是东西本身，而是我跟我以前的家人，或者我朋友们相处在一起的感觉。这里面还有一个模仿性的行为，比如我想要的这种东西，本身这个东西对我来说没有什么吸引力，但是我的朋友也想要，而且觉得很好看，我就会去追求，有这么一种模仿的冲动，我想要有这么一种东西。这样子就会产生一种欲望。

第四个特点，欲望有一种危险的气息。包括在自己的拼接图里面，展现出一些兽性的东西。他们认为如果我想要这个东西，同样我的欲望可能是比较危险，甚至不合常规，甚至不道德，需要被控制，有这么一种情绪在里面。危险包括几个方面，有些人会认为如果自己的欲望很强，某种情况下是种失控，受访者会觉得自己不应该屈服于这么一种欲望，也提到很多欲望跟罪恶感联系在一起。最后是关于成瘾，很多欲望会长期出现在受访者的想法之中。他们会觉得一直有欲望。

第五个特点，关于距离和不能达到的感觉。也就是通常我们说的，这个欲望我们没有办法满足。也提到没法得到满足的情况，会让欲望变得更强烈，形成一个新的欲望。因此，后面第二个发现提到欲望有一个循环，一个周期。欲望的各种内容，以及其他相关的环境因素之间，有互动，里面存在着循环的机制。首先提到了一个概念，叫作"longing"，我把它理解为待机的感觉。就是我现在没法实现我的一种欲望。我现在没法实现欲望，所以我把它搁置在一边。

PL："longing"翻译成向往和渴望比较好。

DS：我没法实现我这样的欲望的话，把它放在一边，等它冷却一下。这里提到了自我引诱，诱惑的是自己。就是我想要这个东西，我会越来越想。在这么一个欲望的循环过程中，会维持住欲望，还会出现欲望变得更强了的情况。他提到一个循环，就是在这篇论文的第八张图里面，有一个欲望小循环，强调欲望其实有一种实现，带上新的想象，我想要这么一个东西，产生新的欲望。或者我这个欲望受挫了，我没有实现，我也会对没有实现的欲望有一个新的想象，诞生不同的欲望。作者还识别了欲望的一个特殊的方面，就是很多人都表示他们非常害怕自己没有欲望，他们认为自己在生活中必须要有一个欲望。

最后提出了希望的概念，跟欲望不太一样。希望通常是比较积极的，也是比较让人愉快的。包括作者在图里面也提到了，如果欲望受挫了，没有实现的话，有一部分会转化成希望，是一种积极的态度，是一种可以得到满足的那种欲望。作者所说的研究发现，就是消费者个人道德观念，一种自我诱惑还有社会文化的影响，内在和外在的，对他个人的影响。在这个影响之中，包括受广告、促销的影响，所生成的各种想象。最后促使人们产生这个欲望，欲望最后分成得到满足和没有得到满足两种情况，实现一个循环。

PL：下面说说关于文献的处理。我们强调对相关文献的熟悉，更强调对相关文献的解读。这篇文章是一个特别好的例子，直接向我们展示了什么叫解读。大家可以看开头两大段，列了很多研究之后有一句话，"All of these studies investigate processes closely related to consumer desire"。这一句话是非常重要的。下面就说出来了，关于实际上这么"核心"的一个概念，我们并没有仔细去研究它：什么是欲望，欲望是怎么出现的，怎么消亡的，怎么保持的，欲望跟消费到底什么关系，等等。

除了对以往研究在本质缺陷上的宏观性把握，对文献的解读，还体现在作者对几种消费模式的对比上：激情消费、享乐性消费、精神消费、高参与度消费、强迫性消费、冲动性消费。这些类别的消费都与情感有关，貌似背后也有欲望的驱动作用。在这一点上，作者高明的地方也在于能够抓住各类行为的本质，指出它们与文章聚焦的欲望驱动的消费都不同，进而界定出研究的范围，这对研究问题的细化，对方法的设计非常重要。

我们在读文献的时候，要问自己这是一个关于什么的研究？这篇文章当然是关于欲望的研究。这还不够，要看到它的意义，就是更深远的学术影响在哪里。作者关于欲望的洞察，尤其是提出的欲望周期理论，让我们可以重新认识消费，特别是激情消费。作者的研究在一个大的范畴来看，对我们认识普遍意义上的现象有贡献。

作者在限定研究范围时指出，他们要洞悉的欲望是消费者自己亲身体验中的欲望（as how consumers actually experience it），就是消费者在意识到欲望正在升起，或者明确知道自己处于有欲望的状态时，到底经历了什么？与之相伴的情感到底是什么。这是人类学视角的研究，回到消费者的内在体验上来，欲望对他们意味着什么。与之相匹配，作者用了什么方法？

DS：访谈和记日记。

PL：访谈似乎不那么重要。重要的是让研究对象写日记。大家还记得在设计调研方案时，要问的问题吗？我们要问需要哪些核心数据，需要关于什么的数据才能够回答我们的研究问题，然后才是怎样得到这样的数据。作者研究的是消费者体验中的欲望，所以得让研究对象从实验室走出去，回到日常的现实生活中，把他们"活生生"的体验和感受记录下来。此外，欲望和想法很多时候是研究对象不自觉的、没有意识的产物，研究对象也很难用语言直接准确地描述出来，所以在研究设计的环节，还要兼顾如何辅助研究对象把体验和感受表达出来。这就用到了投射的方法。

作者回顾跟欲望有关的研究时，还得出了什么结论？欲望是有社会根源的，社会环境对欲望的表达和发生是有约束和限制的。这都是现实的情况。与关于欲望的现实相匹配，从方法上，作者进行的是一个"多地"的研究。伊斯兰国家、基督教国家、老牌西方发达国家、发展中国家、福利国家、市场机制和个人主义盛行的国家。数据采集地在多个维度上的多样性，避免了数据和发现的片面性。

第一个研究发现回答了消费中的欲望是什么。第二个研究发现回答了消费中的欲望是怎么保持，怎么加速，怎么重新启动的。最后提出的理论模型很有趣，大家可以看看这篇论文中的图里是如何研究欲望的。

（图的）中间和下边是消费者，他们经历欲望的升起，欲望的满足，欲望遭遇挫败，重燃希望，再次升起欲望。这是个人层面的体验。那么，个人体验内嵌在哪里？内嵌在市场和社交环境中，他者、推广者、媒体，是离消费者最近的一层环境。这种影响又内嵌在哪里？最外面一圈是文化，不同的文化中，人在社会化的过程中慢慢内化了跟欲望相关的方方面面，突出的是与欲望有关的道德压力和诱惑的蛊惑。从图上，我们看到中间是消费者，外圈是市场，更大的是文化。这就是阐释主义质性研究的普遍视角，微观层面的行动和意义体系折射着更高层次的影响，包括资源，也包括束缚。因此，关于"**为什么**"的答案要到社会和文化中去寻找。

最后，文章中有个提法，"enjoyable discomfort"。这种表达，它的内在是有张力的。"discomfort"是不舒适，"enjoyable"是让人享受的，放在一起就很贴切传神地把欲望到底是什么说清楚了，点破了欲望的本质。比如说欲望实现不了，达不到，或者受到道德感的约束等，在这样的情况下带来的是不适，但是欲望又让人惦记，有渴望和向往的心态，觉得很享受。是不是很传神？我们在讲编码的时候，会再提到如何用概念去抓住一段数据的本质。这个"让人享受的不适"是一个很好的例子。

3. Giesler, M. (2008). Conflict and Compromise: Drama in Marketplace Evolution. *Journal of Consumer Research,* 34 (April): 739-753.

导读

这篇文章研究的是市场的演变。大多数研究提到消费时，聚焦的是微观层面的消费者行为；提到市场时，聚焦的是品牌和企业的战略；提到市场的变化，会侧重新产品的出现，或者消费偏好的变化。这篇文章采取了一个更宏观的视角，把消费概念化成表演，消费者作为一类利益相关方的集体表演，其核心就是发烧友为了维护免费下载原创音乐在文化上的合法性而做出的叙事努力。与消费者演对手戏的是倡导知识产权的唱片公司和监管机构所构成的业界相关利益方，其表演的核心是演绎和传递原创音乐付费消费的文化合法性的叙事努力。顺着这个视角，市场，具体讲是构成市场中意义体系的规范、价值导向、值得向往的完美标准，就是表演发生的舞台。那么市场的进化是什么？在作者的理论视角下，市场进化表现在意识形态和价值观的胜利在一定时期内对供需相关利益方之间的关系以及价值与价格之间的关系的重塑上。市场进化是怎么发生的呢？作者借用了"戏剧"或者"戏"的概念对市场这个舞台上的表演进行了诠释。作者呈现出文化关切和经济法律关切之间的冲突的发生、发展和解决。从戏剧的视角，作者在7年的空间里，识别了发烧友和相关利益方之间初现摩擦、摩擦升级成危机、努力补救局面和重新整合四个阶段。可见，这也是一个关于过程的研究。作者用历时7年的纵贯式数据，揭示了文化、经济、法律逻辑之间的较量是如何塑造市场结构的，这也是过程的后果。此外，作者曾经是音乐创作者，对研究现象非常熟悉。这种在自己熟识的、感兴趣的情境中发现有张力的现象，从学术的角度提出重要的研究问题的做法值得质性研究者借鉴。

DS：这篇文章主要是讲市场的演变。研究问题也是市场如何演变的。文中先说了一下借用了戏剧（drama）的概念。

PL：当我们说这个人很戏剧性，这个事真是戏剧性时，是什么意思？戏剧肯定要有情节（plot）。平平淡淡的戏，人们不爱看，因此戏剧要有冲突，要一波三折，让人感觉事态会平稳发展，突然来一个冲突，冲突升级，有山重水复疑无路的压迫感，但是突然又峰回路转，出现了意想不到的结果。作者从社会戏剧（social drama）的概念获得灵感。社会戏剧的四幕包括：摩擦、危机、补救机制、恢复常态。作者提出了市场戏剧（marketplace drama）的构念，从这个视角来审视唱片公司与音乐发烧友之间的"斗争"。

DS： 如果从戏剧角度讲，肯定有一个导演。但是这个市场中没有导演。

PL： 这就有意思了。我们说的不是舞台上的戏，说的是社会生活中的戏，市场上的戏。市场的参与者都有谁？

DS： 市场的参与者有买卖双方。

PL： 买卖双方是什么意义上的买卖双方呢？音乐下载可以被看做是一个场域吗？这里不是个体的消费者对个体的企业，而是消费者这个群体对着商家，对着企业，还有谁？还有监管机构。市场大戏不是有了脚本，先来个导演阐释，导演传递给演员他希望表达什么。不是这样的。市场的情况是相关利益方在一起博弈，当三方力量对比发生变化的时候，他们之间的关系也会变化，都是动态的。大家可以看这篇文章中的图，有冲突了，相关利益方会试图解决，具体怎么解决，取决于谁的叙事更占上风。这张图不是特别繁复，非常简洁，非常直观，却抓住了市场演变的本质。这个本质，作者称其为结构性不稳定（structural instability）。以后我们会讲到编码，画图是质性研究呈现研究发现的一种方式。

DS： 这篇文章中的图已经把所有事情都说清楚了。冲突取决于社会公用主义（social utalitarianism）和占有式个人主义（possessive individualism）之间的关系。场景是音乐下载引发的战争，激烈的争议。

PL： 这个"战争"的背景是什么？情境（context）是质性研究里很重要的概念，在数据收集、分析和写作阶段都很重要。在最后的写作呈现中，通常会有一部分讲的是情境。可能小标题是别的，不一定包含"情境"一词。那么，这个部分要包括什么内容呢？大家要把情境和背景分开。情境应该是一些结构性的条件。什么是结构性的东西呢？关于知识产权两派观点，一派观点认为这个东西应该面向大众，是公共的。还有一派观点就针锋相对地说，要兼顾创作者个人的福利。这两种文化逻辑就是音乐下载这种消费模式，或者场域，所处的文化情境中的结构性因素。二者之间的动态机制也是一种结构性因素。这些因素之间的较量和磋商共同演绎出当下的结构和环境。结构是制约思想和行为的。像个人主义占上风的时候，一定是像知识产权派所强调的，免费下载是违法的。这就是说，个人主义舆论导向得以盛行，以至于敦促相关法规出台是付费下载这种消费模式背后的结构性条件。写情境部分就是分析和呈现这样的内容，不是简单地交代时间、地点、人物（企业）。

DS：我的问题是作者为什么从戏剧这个角度把分析串在一起，为什么会这么思考？

PL：这涉及质性研究的设计和背后的思考。通常量化研究关注"多少"和"什么时候"，比如企业怎么做品牌在市场的表现会更好。质性研究关注的是"为什么"和"怎么样"。以第一篇文献为例，作者感兴趣的是品牌市场表现好的文化后果。由于企业的推广行为，一种另类的文化被推向了大众化，这造成追捧这种另类生活方式的消费者的文化资本和社会资本被动地贬值了。面对这样的局面，消费者会怎么应对？这是文化研究的一种思维方式。我们说基于现象或者文献，形成初步的研究问题是研究设计的第一步。事实上，研究者最初从一个现象中抓住了什么有趣的方面，跟他们在本体论、认识论上的立场有关。我们还提到了几个研究流派，指出不同流派的关切不同。研究者都有各自的倾向和"习惯"，习惯于在某种研究流派或者范式下做研究，像新实证主义研究，侧重的一定是对关系、条件、影响等进行解释，不是因果意义上的解释，是可能性意义上的解释。如果研究者受后现代主义思潮影响较多，那么就会关注，比如碎片化的意义体系下消费者主观能动性的发挥。不同流派下，研究者的理论储备和知识结构也会不同，思维气质和思考模式也可能不一样。就质性研究而言，这方面的影响体现在研究设计阶段，更体现在对数据进行编码和分析的阶段。

DS：这个能够解释，为什么作者会有聚焦现象得以形成的条件这种想法，从双方对立的角度想这个事情。

PL：的确。因为作者自己经历过，他知道这个行业是怎么演变的。作者在方法部分对这点有说明。

DS：演变的核心我理解是"四重奏"，就是像您刚才说的"起承转合"。第一阶段是给了你个人行为一定的社会道德约束，结合场景来说的话，你个人的下载和共享的行为，是有一种落差。

PL：二者之间有矛盾，有摩擦。

DS：但是这种行为，他说这是第一阶段。第二阶段，延伸第一阶段以后就变成了危机。假如你认识到这种危机，去解决它，或者要面对它，它就会被矫正。

PL：就是解决危机。

DS：你要解决了它。你解决了它，会有两种结果，第三个就是"转"，"合"就是最后阶段，你愿意服从于这种行为模式。

PL：就是市场接着运作。同时，每个阶段，或者沿用戏剧的概念，每一幕都有争议，双方的相互抵触、矛盾，对这个阶段来说是内在的张力。这个争议推动着剧情往下发展，发展的意思是监管环境变了，消费者调整自身的姿态，包括观念和消费模式。

DS：我在想，这种冲突跟我想的冲突，它们是对立的角色，是此消彼长，还是其他关系？

PL：作者说的更多是利益的对立和冲突，或者准确一点，是发烧友和企业界之间出于利益考虑的相互抵触。双方都力图维护自身的利益，企业越来越占上风，消费者没有放弃努力。第一幕，音乐爱好者把免费下载作为消费模式上的创新，监管环境和社会舆论环境对这种行为持默许的态度，本来风平浪静。摩擦是怎么出现的呢？就是文中的"Contradiction，Napsteris dead，corporate invasion"。"Napster"这个东西死了。它是一个公共的资源。企业开始把手伸到免费下载这种消费模式上来，试图改变免费下载。第二幕，危机，市场上的导向是要整治无法无天的边地，消费者则拿出斗士的劲头，声称要征服资本主义帝国。第二幕埋下的矛盾是法律上的压力和免费下载技术的不稳定性，消费者明显处于劣势一方。于是有了第三幕，补救，环境越来越专制，对盗版处理起来毫不手软，消费者的态势反而平和起来，对数字音乐的消费模式表现出购买和分享并用的特点。虽然这个时候出现数字版权管理软件，但是免费下载作为一个类似产业的存在并没有消失，还保持着活力。接下来，第四幕，回复常态，所谓常态就是在有数字版权管理软件控制下的音乐下载是合法的，是被允许的。消费事实上是被圈在了垄断的网里，同时反对数字版权管理驱动的商业下载的力量正在孕育中，可能把市场推向下一个摩擦。

前面是从企业染指（corporate invasion）到司法压力（legal pressure），再到数字版权管理，这是什么意思？公司力量越来越强大了。消费者方面，是力量的消亡，技术又不稳定，最后又说免费下载没有消亡。这不是一个非黑即白的二分世界，而是胶着的动态。作者在识别出的四幕里，把市场的演进划出四个阶段，他的根据是什么？每个阶段内发生的事情是有共同点的，或者说，每个阶段的动态是围绕着一个共同的核心的。这个核心，就是中间的争议，消费者和业界的矛盾，纵观市场上发生的事情，围绕四种矛盾演绎出四个阶段，包括企业的行为和消费模式。

这篇文章研究的是市场是如何演变的，市场的演变表现在消费模式上。上一篇文章回答消费是什么时，指出消费不是理性的，背后有欲望，欲望不是个人的心理状态，而是社会文化塑造出来的产物。在这篇文章中，作者是怎么回答消费是什么的？消费是一种表演，是一种群体的表演。在哪儿表演呢？市场是个舞台，所有的企业和消费者在那里表演，这种表演表达也塑造了价值观。这是作者的根本视角。市场的演化、进化在作者看来是戏。市场上有两种冲突，经济利益的冲突，文化和价值观上的冲突。作者关注市场的演化，不是从新产品出现的角度做的。这篇文章是从文化演变的角度来看市场进化，也就是市场文化的变化。什么市场文化变化？是免费下载的容忍度，从有到没有，再到很严格，到最后在商业下载的框架下有一定的放开，这是一种文化上的变化，也意味着市场结构的一种变化，文化结构的变化。这个是研究有意思的方面。

DS：是因为有了结构，所以才有演化吗？

PL：演化与结构不稳定有关，要看双方力量的对比关系。刚才说有冲突对吧？有冲突的话，得解决。那我们研究什么？我们研究身处其中的当事"人"如何应对和解决冲突。这也是质性研究关心的经典问题。那我们需要什么样的数据？需要关于什么的？数据必须是关于采取的行动的，所有参与其中的这些利益方，他们采取了什么样的行动。在分析行动的时候，除了内容和形式本身，还要了解和洞察什么？导致行动的原因，在环境和情境里面找。比如这篇文章中，对数字版权管理的反对和反抗，是业界借助数字版权管理技术对音乐消费实现商业垄断激发出来的。还有行动造成的影响和后果。还是回到文章中，发烧友激进地声讨资本家帝国，引发了对免费音乐下载社群和平台的围剿。判断行动的效果，就是看问题解决没有，对这一块的深入分析，能够揭示相关利益方的力量对比和权力对比关系。

DS：刚才说的这个问题，研究者自己熟悉的业余兴趣和研究构想，这两个是怎么放到一起去的？他为什么会这么去想这个事情？

PL：研究者基于自身知识结构的冷眼旁观吧。作者自己写的歌，被他人盗用了之后，他觉得很难受。后来作为研究者，他就保持距离，看音乐下载圈子到底是怎么一回事儿，消费者为什么以他们的方式消费。质性研究要超越微观视角，比如，数据是通过一个个访谈获得的，但是研究的不是一个个的消费者，是消费。消费中有行为主体，有产品，也有行为主体和产品之间的互动。互动呈现出一定的模式、特征，还会有变化。那么为什么是这样？免费音乐下载是音乐爱好者自发的一种创新性的消费方式，他们突然有一天发现不能免费下载音乐了，免费的平台越来越难找，有些发烧友自动转向了商业下载，有些发烧友采取商业下载和免费分享混搭的策略。那么，这背后的原因是什么？作者从市场文化结构上寻求解释。

4. Fischer, E., Otnes, C. & Tuncay, L. (2007). Pursuing parenthood: Integrating cultural and cognitive perspectives on persistent goal striving. *Journal of Consumer Research,* 34 (3), 425-440.

导读

这是一个很典型的解释学研究，探讨的是外在的社会文化话语对消费者想法和行为的影响。与其他质性研究文章相比，这篇的可读性比较强，提示了质性研究的另外一种可能性，就是为行为科学的发现找寻文化上的解释，回答"为什么"。

DS： 这篇文章研究的是当消费者试图想要实现一个目标，这个目标却被证明很难实现的时候，他们是怎么坚持下来的。作者找到不孕的人，研究当他们想要去追求为人父母的身份认同的时候，是怎么把这个目标坚持下来的。作者从文化和认知的角度来进行分析，文化和认知是怎么塑造人们对目标的执着追求的。研究的对象主要是利用辅助生育技术追求生育的人，研究采纳的是 Bagozzi 和 Dholakia 的目标模型框架。这个目标模型其实主要是强调目标是怎么产生的，以及有什么因素决定人们对目标不懈的追求。"discourse"是什么意思？是话语权吗？

PL： 话语，也可以理解为（公共）舆论。比如中国的公共舆论里，对未婚女性有"圣斗士""齐天大圣""灭绝师太"的戏称，这反映了对女性，尤其是所谓大龄女性在婚姻状态上做出的主动抑或被动的选择是欠包容的，这就是一种关于婚恋和性别的话语（discourse），折射出关于婚姻嫁娶的社会舆论导向。某征婚网站的"逼婚"广告体现出来的是一个极端的例子。

DS： 文章从两套话语入手来进行分析。一套话语就是生物学上的父母身份认同，生身父母身份认同话语包括四个维度。第一个就是崇尚生育，提倡人和一切生命体的首要追求是繁育后代。第二个维度，基因本质论，就是孩子最好是跟父母有血缘关系的。第三，多产，顾名思义，父母要多生孩子。第四，母道／父道，就是说一个妇女在自己子宫里面孕育过孩子以后，才是一个完整的女人。同时在文化上，男性表达自己想成为父亲的愿望是可以被接受的。这是公共舆论中关于成为生身父母的必要性的看法。这种话语导向激励着消费者去追求成为父母的目标，不少不孕不育的人也把成为父母设定为自己要追求的目标，为实现这个目标，接受辅助生育技术。

接着作者识别了另外一类话语，就是普遍的文化舆论，具体有三种：科学理性主义、自我管理、宿命论。科学理性主义主要是培育一种信念，即技术能克服人类的一些自我固有的局限，使得很多人在接受医学上的辅助生育技术的时候，更倾向于去听取专家和医生所提出来的技术上的选择方案，低估自我效能。比如说技术失败了，人们如果相信科学理性的话，他们可能不会觉得是技术问题，会觉得是因为自己身体不太能接受这个技术，对药物的反应不是很适应，同时过度高估技术的有效性。

自我管理话语中核心的信念就是相信个人能够掌控自己的生活，这种论调更会鼓励人们要靠自我的能力去实现目标，可能跟科学理性有点相反了。举个例子，当一些人接受生育技术的时候，失败的话可能不会觉得是因为自身对药物不适用，而是因为自己没有进行有效的计划，没有多种预案。

宿命论更加强调技术以外的权威在过程中所扮演的一些作用，文章里面举到一个例子，有一个患者在接受人工受精的时候，尽管先获得了三个胚胎，但后来还是失败了。但是这类夫妇还会是坚持接受治疗，因为他们觉得获得胚胎这样的初期成功，是上帝对他们应对挑战的回应，是外在的权威给他们的一个暗示，让他们一定要坚持下去，只要坚持下去就能够获得成功。这是三种话语对普遍文化的影响，对目标追求的影响。

PL：这篇文章，读起来的难度相对于其他那几篇文章怎么样？

DS：我觉得相对简单一些。

PL：阅读这篇文章为什么会相对简单一些呢？

DS：这篇文章的框架特别清晰，研究问题很清楚，这三种普遍的文化话语影响着消费者持续追求他们的目标。文章是建立在传统的模型上，研究对象群体和要研究的问题很匹配，有一个很清晰的逻辑。

PL：作者类似于把一个传统的消费行为研究延伸了，前面讲的都是认知层面的，很清晰，揭示如何设定目标。第二部分走向了文化，与前面的认知视角整合起来，解释为什么能够坚持。我选这篇文章的目的是让大家了解"hermeneutic research"是什么，像这篇文章，关心的是消费者的决策和行为是怎样受到周围环境的影响。这个环境不是墙壁的颜色，室内的温度，是社会文化中普遍的舆论导向。这类研究，跟第一篇聚焦欲望，阐释消费者自我感受，自我体验的研究是非常不同的。

我想用这篇文章向大家再展示一下质性研究特别强调的情境到底是什么。作者关心使用辅助生殖技术的夫妇在追求很难达到，也很昂贵的目标时，在遭遇挫败以后，是什么让他们坚持下去，一次次地重新上路。作者厘清了各种话语、公共舆论。这些人周围的社会文化力量，文化上的约定俗成，会让消费者自然地做出一些选择。在辅助生殖技术消费者身上，科学理性、自我管理、宗教上的宿命论就是他们成长和生活环境中的约定俗成，是坚持下去这种现象背后看不见，却又无处不在的驱动力量。类似方面是质性研究在构建情境时所要关注的点。

第 2 章

深 度 访 谈

| 2.1 深度访谈适用于研究什么？ |

我们强调研究方法是为研究目的服务的，方法的选择取决于研究目标。那么，有哪些普遍性的研究目标是可以通过深度访谈实现呢？总的来说，对于旨在了解研究对象的体验、经历和感受的研究来说，深度访谈是最基本，也是最主要的数据收集方法（Weiss, 1994）。通过执行得当的深度访谈，研究者不但能够充分了解研究对象的处境，而且能够获得一个从研究对象的角度讲述出来的故事。

深度访谈能为研究者打开一扇窗户，重现他们无缘目睹、无缘亲历的事件和体验。这种重现，主要是通过访谈对象对事件、问题、过程、场景、历程等的详尽描述来实现的。重现可以分为个体的和综合的两个层次。前者指的是从每一位访谈对象那里获得最充分、最具细节的描述，后者指的是当每一位访谈对象都从各自的角度提供了深度描述以后，研究者把他们的视角和观察整合起来，对研究的焦点现象获得相对完整的认识。比如，研究者想描述一个企业的重大事件营销活动。因为几乎没有企业成员会从头至尾全方位地亲历灵感的产生、决策、计划、执行，以及其中的各种调整等全部环节和内容，所以要想还原这个事件营销活动，研究者就必须访问每个环节上的当事人。需要指出的是，结构化访谈，在这里是不适用的。研究者需要根据每位访谈对象的具体情况，从不同的侧重点对他们进行访问。

研究者可以从访谈对象那里获得对一个过程的详细描述。换句话说，在深度访谈中，访谈对象可以告诉研究者一个事件是怎么发生的，一种状态是怎么出现的，一个事件的发生造成了什么影响，一种状态出现后当事人是怎么应对的。如果访谈对象是行为上彼此牵扯的利益相关方，比如，原材料供应商、生产企业、品牌、零售商、消费者，那么，研究者就有机会洞察这些相关利益方所构成的系统是怎样运作的，包括有效的方面，也包括失灵的方面，甚至还有系统性失败。

深度访谈为研究者了解研究对象对一个事件的解读和反应提供了机会。研究对象的解读和他们的反应是密切相关的，前者或多或少为后者提供了文化的、社会的、价值观意义上的解释。这在消费行为和消费文化的研究中比较多见。通过深访，研究者会了解到消费者是怎么诠释他们经历的各种事情的，也会了解到他们是怎么看待某个品牌，对这个品牌有什么感受，从而洞悉消费者为什么以某种方式消费这个品牌。

通过深度访谈，研究者可以识别变量，提出假设，为下一步的量化研究奠定基础。变量和假设可能来源于之前的文献，或者从现有的理论推演出来，或者基于常识提出来。当面对新的现象、新的过程、新的问题时，常规的方法可能不够，这时候，研究者可以借助深度访谈洞悉在一个新的话题下，起关键作用的到底是什么因素和过程，进而开展量化研究工作。

这里有一点值得特别指出。很多人认为访谈就是量化研究的前行，服务于量表开发或者问卷设计。事实上，深度访谈本身就是一种严谨的研究方法，可以独立支撑起一个有创意、有贡献的研究。通过深访，研究者能够解析一个问题的"为什么""怎么样""如何"三方面。举例来说，营销实践中有从先驱到先烈的说法。借助深度访谈的方法，研究者可能有机会洞察一个开创性企业是怎么失败的，为什么失败了，从而揭示开创者黯然陨落退场的历程中深层次的机制。当然，前提是找到合适的访谈对象，他们不仅要是重要的相关当事人，而且得有参与研究的意愿。在前面这个例子中，直接和间接的当事人有很多，有的是亲历过这个过程的，有的是监管部门或同行业的竞争对手，等等。理想的情形是所有当事人都贡献他们的视角、记忆和看法，这样，研究者才可能获得质感丰富的素材和证据，为最终形成的诠释提供有力的支撑。

| 2.2 深度访谈中问什么？怎么问？ |

研究设计的逻辑强调研究者要非常明确他们有兴趣研究的现象是什么，并通过案头工作，初步确定要从哪些方面了解这种现象。虽然研究者可以带访谈提纲到访谈现场，但是阐释主义深度访谈的本质特征，即允许访谈对象参与决定访谈的进程和走向，要求研究者在开始执行访谈之前，头脑里有一个清晰的基本提纲，比如，与这位访谈对象的交谈要就哪几个大的问题展开，每个大问题下有哪些小问题。根据经验，访谈的时间以 40 分钟到 90 分钟为好，太短则很难深入；过长，在内容上可能存在重复。一个较长的（比如 2 个小时）访谈中，通常允许深入探讨4 到 6 个大的问题。在开放性程度较高的访谈中，访谈对象有些时候会开始谈论提纲上靠后的问题，或者一个大问题下的某个小问题。这种情况下，研究者无须硬把访谈对象拉回来，但是心里要清楚当下交谈的内容处于调研计划的哪一部分。

深度访谈中，研究者一般会从描述性的问题开始。问这类问题的目的，有个形象的比喻，就是希望访谈对象带着研究者对他们感兴趣的内容做一个初步"巡视"（Spradley，1979），比如访谈对象在特定文化、社会、组织等场景下所参与的活动、做出的行为、践行的实践，也可能是访谈对象了解的一个空间、一个事件，或者一群人。有些访谈对象可能不确定这个巡视要关注多少细节，研究者可以鼓励他们"说得越细越好"。在一个探究高强度服务中一线员工投入的研究中，我们做了简单的自我介绍后，就对利用下午休息时间来参与访谈的服务员说："我们对餐厅服务员的工作特别不了解，你能不能给我仔细讲讲从早上上班到现在你做了什么？"从自己很熟悉的事情开始讲起的时候，访谈对象更容易放松，也能较快地进入自然交谈的状态。事实上，我们有一个问题涉及在所研究的企业里，什么样的服务员被认为是好的服务员。这是我们的目标，但是不能上来直接问。我们需要借助访谈对象的描述进入服务员视域中"好服务员"的工作情境。

在一个内部营销的研究中（Liu et al., 2019），我们以下面的顺序展开对营销总监的访谈——"请跟我们介绍一下您的工作内容，尽量仔细一些。""以上内容的哪一块儿占用您的时间和精力最多？具体是怎么占用的？""您如何让下属和同事参与到您的工作中来？"我们用类似的方式，访问营销总监的下属、同一级别的同事和更高一级的企业领导，探寻他们对营销工作的理解。如果营销总监说他从周一到周五，大部分时间都是在参加各种各样的市场活动，那么这个时候，研究者就要敏感地做出一个临时性的判断：从这个访谈对象的讲述来看，这家公司的营销可能是活动导向的，公司侧重办活动。从他某个同事那里，研究者可能会知道，营销总监"坐到这个位置上挺偶然"，具体就是他曾做了一场特别"漂亮"的活动，给企业 CEO 留下了很深的印象。那么这时，又一个佐证呈现出来，表明这家企业对营销的理解和设计是活动导向的。如果在对 CEO 的访谈中，听到 CEO 说："我还是希望营销这边多见见客户。"那么，研究者就应该意识到，关于营销职能的内涵，这家企业至少有两种期许，一个是活动导向的，一个是客户关系导向的。以上这些是问了描述性问题后，研究者对所关注的现象获得的最初印象。

有一种访谈方法叫时评访谈（Emontspool，2012），这个"时"不是"时事"的意思，指的是"即时"。在这种访谈中，访谈对象通常真的会带着研究者对他们的生活环境、工作场所、活动空间等进行巡视，这期间，他们会应研究者的请求即时讲解。举个例子来说，研究者可以在开始的时候告诉访谈对象："请您带我逛一下您的客厅和厨房，仔细跟我讲讲每一件家具的来历。"那么，访谈对象在带领研究者做现场巡视时，就会分享诸如一个沙发是如何来到他的家里的，包括是怎么被购买的；在哪里购买的；选择沙发特定款式和颜色时，他的想法都受到了哪些因素的影响，如受到哪些人的哪些观点的影响。

随着描述性讲述的展开，研究者要有意识地开始应用"漏斗"模式（Belk et al., 2013）进行提问。这里需要拿捏好在研究者进行引导和顺应受访对象的思路之间保持平衡的分寸。上一章强调对研究问题保持警醒，指出研究者要清楚地知道什么数据是回答他们的研究问题所必需的。漏斗式的提问，就是从宽到窄，从一般到具体，也是从浅到深，从表面到深层，让交谈慢慢聚拢起来，指向必需的数据。有人说，漏斗式提问也是把一个大问题，分解成几个小问题的过程。这个分解，有的是研究者主动推动的，有的则是访谈对象带动的。换句话说，访谈对象的讲述，会帮研究者界定下一个问题应该是什么。另一方面，在质性研究开始的阶段，研究问题可能还只是停留在一个做方向性探讨的阶段，研究者需要一边展开调研，一边摸索和确定把研究聚焦在哪里。在既有文献中，不乏研究者随着调研的深入对研究方向做出实质性调整的例子。因此，在访谈中，研究者尤其需要保持一定的意愿，对访谈对象提出的与研究者的预先设想貌似关系不大的话题稍作探讨，同时把握好节奏，适时地做出判断，把交谈拉回到调研计划的正轨上来。

这个方法之所以叫深度访谈，是因为研究者希望访谈对象的讲述是丰富的。有三个技巧可以帮助研究者获得这样的数据（Weiss,1994）。第一，让访谈对象举例子。第二，让访谈对象讲述经历，比如最难忘的、印象最深的事件和感受等。事实上，这两个技巧有很多相似之处，总的来说，目的都是指向具体的讲述。那么，让访谈对象讲很多具体的，甚至琐碎的事情，研究者除了获得跟特定访谈目标有关的数据，还有什么收获呢？

这个收获，多数时候，是关于研究所关注的个人、群体、机构、组织、实践等分析单元的一种总体感觉：研究者会了解从当事人的角度，什么是重要的，什么是突出的，什么是值得关注的，什么是值得说的，这样研究者能够有很多洞察，比如研究对象在价值观和工作伦理上的倾向，他们对效率、对效果的理解，等等。

第三，如果访谈对象用了一些对研究来讲很重要的词汇，研究者需要寻求进一步的解释。在一次研究新型营销实践的调研中，在有访谈对象说"对我们的企业来说，其实都不需要营销"这种情况下，我们就追问了一下访谈对象所说的营销具体指什么。这样做的原因在于访谈对象使用的"营销"一词在内涵上可能与媒体舆论中常见的大众用语相吻合，与学术研究中的"营销"有很大不同。与此相关，研究者还需要注意正确处理访谈对象独特的"用语"。

在访谈过程中，适时地采纳和使用访谈对象的语言，有助于访谈对象理解研究者的提问。在对餐厅服务员的研究中，我们在最初的访谈中发现服务员面对提问时，似乎都不是很确定自己要说些什么。为了保证数据的丰富性，我们就让他们举例子。这个办法最初也没有达到预期的效果。后来，在一次访谈中，一位服务员问我们："你们是不是想听一个案例？"我们了解到，这家企业的服务人员经常会把跟客户服务有关的经历，比如对投诉的处理，对顾客不满意的补救，为顾客制造惊喜，服务中的小创新等写成文字，这在企业内部被叫作"案例"。因此，在接下来的田野工作里，我们就学会了使用"案例"这个词，在鼓励访谈对象提供细节，再现情境时，我们一提到案例，他们一下子就能明白我们是希望听到他们讲一个很典型的，有代表性的，对一线员工来讲有榜样意义的，真实发生过的，他们真正经历过的事情。

尽管如此，研究者还要留意区分哪些用语属于访谈对象群体使用的"行话"，是群体里边大家普遍接受的说法，在意涵上有群体共识，哪些是某个人自己的表达习惯，属于个人习惯用语。

| 2.3 怎样选择深度访谈对象？ |

抛开客观条件的限制不谈，研究者都希望通过与访谈对象进行深入的交谈，获得足够丰富和可靠的数据。慎重选择对的访谈对象有助于达成这样的目标。通常，研究者需要依据以下几条标准来确定合适的访谈对象。

第一，无论研究的是机构、组织、企业，还是品牌社群，哪怕只是跟某种消费现象有关的消费者，研究者在招募和选择深度访谈对象时首先要坚持"当前活跃"这个标准。"当前"是相对于研究内容所处的时间来确定的。比如，在进行历史研究、过程研究，或者纵贯式研究时，深访对象一定要是在过去某个时间的"当下"活跃的参与者。"活跃"的意思并非是要参与者有高调显眼的表现，它指的是参与者至少按照研究所关注的群体成员的总体平均水平对群体活动有所参与。在这里，明确研究所关注的群体是很重要的。以对企业内部营销决策的研究为例，决策层管理者就是要密切关注的群体，深度访谈对象一定是从这个群体中选取。这就有一个问题——并不是每一个管理者在决策中所起到的作用都是一样的，尤其是有的人虽然参与决策，但是影响力很小，甚至是边缘化的。这个没有关系，一方面，研究者对群体里的权力关系要有意识，另一方面研究者关注的不是个人视角，而是希望对决策这个现象获得比较全面的了解，需要获得的是每一类参与者的视角。

第二，理想的访谈对象对研究所涉及的文化场景也好，社会场景也好，应该是非常熟悉的，有着深入的了解的。换句话说，理想的访谈对象要具备"圈内人"的身份。有一种访谈方法，专家访谈，就要求受访者熟悉话题、背景、事件的来龙去脉。在一项关于消费升级背景下居住理念养成的研究中，我们去参加一个平台机构组织的消费者教育活动。

此行的一个主要目的是为后续的深入研究积累潜在的访谈对象。田野活动之后的讨论中，有课题组成员指出搜集到信息的平台用户中，有很多从事的是家装相关的工作。他们对以这些有既得利益的群体成员为访谈对象表示了顾虑。我们通过讨论达成一致，认为访谈对象的这种背景身份不会影响数据的可用性，课题聚焦的是家居理念的养成，作为重要的相关利益方，家居行业的从业人员，比如设计师、工程师、相关媒介编辑等专业人士，对一个行业的成长和演变有着他人不可替代的深度了解，恰恰可以提供优质数据。

第三，因为研究者希望通过深度访谈，获得当事人对事件和经历的深度讲述，所以他们在选择访谈对象时要有意避开分析导向的人。虽然所有的讲述都是讲述者创造出来的，但是分析导向的人更倾向于表达和分享自己的观点。而研究者需要的是讲述者对自身亲临的、经历的、目睹的场景、事件、过程等做出充满细节的描述。分析导向的访谈对象更有可能琢磨和揣度研究者的喜好和兴趣，对素材进行相应筛选，这不利于研究者获得内容丰富的数据。如果深度访谈以一对二，甚至以小组访谈的形式展开，那么分析型的人非常容易影响其他的访谈对象，使他们要么在无意识中被引导，要么被动地寡言少语，甚至陷入沉默。

除了具备以上的条件，理想的访谈对象还得有充裕时间。在研究的初始阶段，与时间足够多的访谈对象深入交流十分必要。这个阶段，通常研究还处在较为开放的阶段，研究者对研究试图解释的现象，甚至还缺乏全面的认识。访谈中，研究者需要对方向做一些摸索，权衡研究问题问得是否到位，考量所要研究的现象是否存在，等等。这需要访谈对象就研究者的问题，做一些自由探索，也预设了最初的访谈，在问题上是发散的，在节奏上是缓慢的，在效率上看似相当低下。如果访谈对象有大量的时间，能够对研究者粗略的计划和关注表现出兴趣，乐于分享，甚至主动提供研究者提问框架之外的信息、资料和想法，那么对于研究的进一步深入是大有裨益的。这里又有一个问题需要注意。有些人天生很健谈，这些说得特别多的访谈对象，会不会让获得的数据有天然的"偏差"？这种担心是没有必要的。质性研究在选取深度访谈对象时，基于的不是个体的代表性，而是现象上的代表性。也就是说从理论上，研究所要洞察的现象在访谈对象身上是存在的，或者访谈对象身处研究者所要洞察的现象中，他们的视角和故事都能够让研究者对这个现象获得更深入一步的了解。此外，在后面的章节中会讲到，分析数据时，也有相应的避免偏差的方法。

| 2.4　深度访谈中的其他注意事项 |

就一个研究而言，深度访谈开始的时刻，其实并不是与访谈对象面对面坐下，打开录音笔的那一刻。在此之前，研究者需要进行深入细致的案头工作。以对企业营销战略的研究为例，跟企业本身有关的二手资料、外围资料，企业所在行业的沿革和当前趋势与竞争格局，关于消费者所处社会阶层的研究，与特定消费倾向有关的生活方式，等等，这些构成了研究者聚焦的现象所处的社会、文化、科技、市场等意义上的系统，是研究内容所在的情境。在更微观的层面，研究者事先要尽量厘清企业的内部组织架构，历来的人士变动，产品组合，品牌曾经获得的奖项，甚至包括企业以往经历的诉讼、危机、负面报道等。了解这些，对于研究者准备访谈提纲很有帮助。考虑到访谈对象的时间是很珍贵的，研究者要避免事实确认性质的提问，避免内部情况说明性质的要求，避免提出访谈对象用"是"或者"不是"就可以回答的问题。梳理情境和大环境的案头工作，也有助于研究者把握研究方向，甚至形成好的研究问题。同时，如果从一开始就树立情境意识，认同无论机构的还是个人的行为和做法都要放到大环境里面才能达成真正意义上的理解这样的观点，那么，研究者在进行深度访谈的时候，就会更多地去关注"怎么样"。这样一来，在与访谈对象的交谈中，就更容易避免在问了"为什么"之后得到一个敷衍回答时的被动。

深度访谈开始前的另外一项关键的准备工作就是安排访谈顺序。在需要从一个机构内部征集和选择访谈对象的情况下更是如此。有些人忙，有些人相对闲一些。有些人谨慎，有些人不介意先通过微信等方式交流一下。有些人具体做事，有些人制订计划。有些人知道"是什么"和"怎么样"，有些人了解"为什么"。有些人身在权力结构中相对顶端的位置，有些人维护着顶端和基层之间的联结。如果研究者充分考虑这些因素，能够基于研究侧重，合理地安排访谈顺序，并争取能够落地实施，那么就有可能最充分地利用访谈对象慷慨给予的时间，对研究问题获得"剥洋葱"式的认识。虽然跟进式的补充访谈很多时候是必然的需求，但是合理安排访谈顺序可以有效避免问题和人选错位时的尴尬。

在深度访谈的执行过程中，研究者要时刻认识到，交流的主角是访谈对象，而不是研究者自己。这就要求研究者要尽力帮助和支持访谈对象把感受、情绪表达出来，把经历表述出来。为此，研究者要尊重访谈对象一时的沉默，克制引导和启发访谈对象的冲动。有时候，还要适时地转换提问的方向。在研究的后期阶段，研究者可以用提供选择的方式，确认信息是否饱和（Spradley,1979）。以鲜花消费的研究为例，我们希望了解消费者进入稳定消费模式的驱动因素。在初步分析了访谈数据后，在后续的访谈中，就可以用这样的方式提问了："我们总结了一下，大家把鲜花上升为常规需求受到各种因素影响，比如自己原来的向往，朋友的分享，企业促销的吸引力。您觉得还有什么影响因素呢？"访谈对象可能很快就进行补充，也可能需要考虑一下。这个时候，研究者的耐心和表现出来的兴趣起着关键作用。

| 2.5　经典文献研读 |

这个部分本书作者（PL）与学生（DS）就以深度访谈作为主要研究方法的三篇文章进行讨论。重点回答的问题是：作者为什么这样构思和撰写文章的方法部分？

1. Ibarra, H. (1999). Provisional Selves: Experimenting with Image and Identity in Professional Adaptation. *Administrative Science Quarterly,* 44: 764-791.

导读

作者的研究问题是，员工在工作变动过程中是如何确立和形成与新的工作岗位和角色相匹配的专业认同的？作者提到在员工彻底进入新角色之前，先得表现出一个形象。这个形象在工作环境里首先具象为一些举止规范（display rules），员工该有怎样的行为，怎么表现，该有什么样的举止和风格，该怎么样与客户互动，该对客户表现出什么样的态度，等等。新员工尝试着做，倘若做好了，他就成为这个职业中的一员，如果做不好，可能就没有机会迈进这个职业的门槛。在这个过程当中员工会有怎样的经历呢？在这个过程中，他们会先照样儿学样儿，通过尝试，慢慢发现有一些东西值得保留，有一些东西可能就得摒弃了，然后慢慢确立起自己的专业认同。作者相信员工自身裁夺考量起着重要作用。基于这样的逻辑，为了揭示员工确立新的专业认同的机制，需要去仔细聆听有过这种经历的员工亲口讲述他们的经历。

　　PL：这篇文章讲员工如何适应新的工作岗位，进入角色。一个新入职的人，觉得王先生特别厉害，是他的榜样，用文章中的概念，就是王先生是他的可能的自我（possible self），是他在建构和确立职业身份认同时努力想达到的目标。具体到日常，新人的心中往往不是只有一个榜样，而是有一些。因为榜样们在技巧、态度、做事风格、做事方式等方面有不同的特点和所长，所以新人在建构专业身份认同时，会有很多尝试和摸索，尝试向不同的人学习不同的方面。这时候，他所践行的就是临时性的自我（provisional selves）。他要学习的方面就是他建构身份认同时的"形象库"，库中都是可供选择的形象。此外，新人们还有自我概念（self conception），就是对自己的认识和设想，对自己的判断。在服务行业中，每一次面对顾客的情况都是不可预测的，要求服务人员当场即兴发挥。总之，面对新的角色，员工的身份认同要发生相应的变化。作者关心的是新人在这个过程中是如何从临时认同的"形象库"中选取自己要践行的方面，对这些方面的最终采纳又受到什么机制和哪些因素的影响。

DS：关于方法，作者写得非常清晰，基本就是一段话说一件事情。第一段讲的是访谈的对象是谁。这篇文章研究的对象是两类群体，第一类群体是低级别的咨询师，第二类是投资银行家。第二段介绍了研究的场景，职业的转变，研究场景从专业服务转变成客户服务，这个转变是研究场景。第三个是研究背景，先把公司介绍一下，一个是咨询公司，一个是投资银行。

PL：这节课讲的是怎么用深度访谈来做研究。我们要从做深度访谈在方法上的适用性的角度，想想作者的研究设计为什么是这样的？他方法里面哪些做法是符合深度访谈的要求的？哪些处理和安排是比较好的？是必须这样的？作者在方法部分再现了他的研究设计，希望同学们从研究设计的角度来分析和评价一下这部分内容。

DS：方法部分，前面介绍的背景比较多。刚才说研究情境，第一个是公司的相关背景，第二个是关于工作角色和职业发展路径的背景。前半部分先介绍了一下投行的职业发展路径，工商管理硕士进去之后一般是经理（associate），四年之后就有可能从经理晋升成为副总裁（VP），副总裁再往上的话就有可能晋升成总监（director）。这些岗位有不同的要求，包括工作内容都不一样。经理需要去构建金融模型，包括完成一些交易（deals），副总裁就可能要去管理项目，做一些协调性的工作，等他们再往上做到总监的话就可能跟客户接触的更多一些，逐步地从专业化工作向与客户沟通转变，实际上在副总裁阶段他们已经开始跟一些客户接触了。

第二块是介绍咨询公司。咨询公司实际上也有点类似。工商管理硕士毕业之后加入公司，成为团队成员（team member），在中国这些咨询公司中应该是从分析师（business analyst）开始，往上的话就变成团队领导（team leader），再往上的话就是客户经理（client account manager）。刚开始作为团队成员时，需要做的主要是一些分析的工作，成为团队领导后，不光要做分析，还有一些协调客户关系的工作，再往上变成客户经理的话，大部分工作就是跟客户打交道。

这是大致的背景。在正式访谈开始之前，作者先做了一个预先的访谈，他从投行和咨询公司找了一些员工进行访谈。他从投行找了三个高级职员，两个人力资源经理；从咨询公司找了两个高级职员，一个人力资源经理。我理解的是作者在刚开始做研究时，他应该是没有预设背景或预设结构的，他预先做访谈，实际上就是为了让自己后面的访谈更细化一些。

PL：很多质性研究，最后写出来的成果，包括理论发现和很详细的理论构建，都是从研究里面层递出来的。一个有经验的研究者，对于自己要深入研究的现象在哪里存在一般是有直觉上的把握的。这篇文章的作者曾长期从事培训工作，这应该是确定的。职级晋升向相关员工提出形象上的挑战在咨询行业和投行是非常突出的问题。从研究者对所关注现象的熟悉程度上看，这个研究不是完全从无开始，作者一开始是有预设的，知道对新角色的适应在两家研究地企业所代表的行业里是员工成长的关键和难点。再说，预访谈的对象与正式数据收集中访问的对象是不同类型的，作者用来支撑最后提出的理论框架的数据也不是来自于预访谈。因此为下一步调研的细化打基础的说法有些站不住脚。那么，作者为什么要先做预访谈？

DS：作者将预访谈得出的结果汇总成表格。咨询师和投行专家，有很多不同的特征和不同的要求。预访谈和前面的研究背景是不是相照应的？他在之前先讲了工作身份的转变，这让我们理解投行和咨询公司里有这样的情况，然后通过预访谈的确验证了这一点。论文的表格主要展现了员工对于角色的要求，表明那两个公司的员工的确随着晋升，角色需要转变，这不是作者坐在办公桌前想出来的，这样有一个相互验证的过程。

PL：就整个研究设计而言，这个表格的内容回答了什么问题？量化研究对质性研究常见的质疑是，只研究一家企业或者机构怎么保证"有效性"。质性研究讲究理论抽样，看重现象上的代表性。具体到这篇文章，为什么从这两个公司而不是别的公司搜集数据？简单讲，就是作者试图探究的现象在这两个企业是存在的，在这两个企业以得当的方法获取的关于这种现象的数据足以回答作者的研究问题。关键是作者要表明在这两个企业里，研究试图探究的现象不仅存在，而且其存在是有充分的质感，有丰富的质地的，对于企业中的专业人士来讲是他们的核心体验。这就是刚才同学说的"相互验证"——用一手数据，从"对"的来源处那里获得的一手数据，表明研究所要聚焦和解析的现象，也就是专业人士的成长，在此充分地存在着。这就论证了这两个企业是通过理论抽样获得的"有效样本"。以这种形式介绍情境对于这个研究来说，对许多质性研究来说，是非常重要的一步，作者不惜用了很长的篇幅。

与详细的情境介绍呈现出鲜明对比的是简短的文献回顾。文章探究的大问题是新成员的社会化，新成员包括相对于工作环境的新人，也包括相对于角色的新人，具体就是从技术性岗位向客户关系开发和维护岗位转换和升级的专业人士。文章关注后一种情况，也就是专业人士对新角色的适应。作者说，现有文献的共识是企业主导的外部因素与员工个人判断和自视方面的内在因素之间的互动，在角色适应中发挥着重要影响。在讲研究设计中研究问题的提出时，我们说一种策略是找文献中有意义的空白。这篇文章的作者随即就一针见血地指出，"the literature to date, however, has paid scant attention to the role played by self conceptions"。一方面是环境里的影响和资源，一方面是个人的主观建构，作者不是以非此即彼、非黑即白的方式看待所要深究的现象，而是把两者联系在一起，解释和揭示主观建构主导资源利用的特质和机制，解读个体在结构中是怎样发挥能动性的，这正是质性研究的优势。

文献回顾得出的结论界定了研究的范畴和重点，也限定了理论抽样的标准。在设计理论抽样的时候，要问的问题是：在哪里能够充分地看到和抓到员工的自我主导在完成角色适应的过程中发挥着重要作用的这种现象？从文献回顾中可以看出，作者笔下的自我主导是有特指的，就是员工在自己不确定怎样是最好的，也没有得到外界反馈时，要根据自己的揣摩而临时地呈现出某种专业形象，尝试之后，再根据效果做出调整和巩固。从这里，就可以判断，理论样本必须从员工形象很重要的行业里选。那么，餐饮、酒店这些行业可以吗？显然不可以。为什么？因为这些行业的趋势是标准化，员工形象展示是标准化的，不需要他们自我摸索和尝试。这些行业的实际情况和作者关注的现象对不上。投行、管理咨询行业，可以吗？这需要作者来回答。在下面那段里，作者引用了预访谈的数据回答了这个问题。对公司情况非常熟悉的高级专业人士，如人力资源这块儿的高管表明，角色转换对于他们的低职级员工来说的确是一个非常难以逾越的障碍。因为什么？因为事实上的角色转换在员工还没有正式的高级头衔之前就已经开始了，他们在初级岗位上除了要被考核技术能力和管理能力，还要被考核一系列有助于在客户眼里建立可信度的素质。这意味着什么？意味着员工在还没养成能在客户那里赢得信任的能力之前，自己要挣扎，通过自己的判断、选择、尝试、评估等各种努力摸索出一个适合自己，也适合客户关系的形象，就是在客户面前，要呈现出什么形象的问题。作者前面写了那么多，讲到在投行、咨询公司里员工的职业路径是怎么发展的，让读者了解到他们每走一步，尤其是从最初级的职位向上进一步时，在这种成长中他们自己要起很大的作用，没有人会手把手地教，都是他们自己照着周围的样儿，慢慢摸索。这样的背景下，作者提出的临时性的自我的概念才切题。

作者写了那么多，不厌其烦，就是告诉读者在这两个地方，存在着研究关注的现象。研究要回答的问题，是这两个地方所代表的情境里的突出议题和重要议题。这跟文献又是对得上的——企业有主导员工社会化的实践，但是日常工作中，员工更多地要依靠自我的努力和构建，员工个人发挥着重要作用。方法的设计和理论上的着眼点是一致的。

DS：明白了，我之前在看时，有个疑问——为什么作者要找正式转变身份之前的员工做访谈？

PL：投行和咨询行业的文化是这样，职业路径在那里，留用员工有这样的职业追求。

DS：文章后面继续介绍方法，对样本做了详细的介绍，是通过人力资源经理和两个高级职员在公司帮忙招募的访谈对象。访谈对象都是顶级商学院毕业的工商管理硕士，主要集中在美国的东北部波士顿地区，包括在投行和咨询公司工作的。咨询公司共有19人，投行15人，后面又专门强调了每个人的人口学特征，还专门强调了关于性别的问题。

PL：为什么强调性别问题？

DS：因为性别差异在适应的过程里也是一个很重要的因素。作者在注释里还专门讲了一下，在投行和咨询公司里经理一级及以上的女性数量好像不是特别多。

PL：所以作者在抽样上做了什么选择？男性访谈对象是随机抽样，

女性访谈对象呢？作者明确指出，不能做随机抽样，因为分布不平衡，所以对女性做的是"过采样"，和预访谈对象一起把符合条件的所有女性识别出来，全部招募。对质性研究的常见质疑是质性研究是主观的。一些有经验的质性研究者为此指出，在方法的写作上，要做到透明化，对整个研究设计，实施和数据收集的过程如实地呈现，尤其要注意解释具体的做法背后的理由，为什么这么做，为什么这么处理，等等。这篇文章的作者就是这么做的。"过采样"符合两个公司所在行业的特点，保证最后研究得到的数据是全面的，可信的。

DS：后面就像我们讲课时说的，访谈时间平均差不多 90 分钟，有些地方被访者不让录音，作者就做笔记。数据分析主要基于扎根理论。刚开始作者意识到形象和认同在数据里非常明显，是很突出的主题，然后它就形成了这样的迭代——一方面是看现有的文献，另一方面是从访谈入手。

PL：以后我们会讲到编码。通常，先是开放式编码，很快的一个过程，在这个过程中，可能发现一些规律性的、模式性的倾向、趋势等。如果研究者确定这种渐显的规律或主题是值得深究的，在数据中有意识地做进一步识别和分析，那么这种就是集中编码。比如，作者识别的一个类别是"观察别人"，于是就让研究助理在访谈转录中专门寻找关于观察这种行为的数据。研究者通常做两手准备，一方面做集中编码，另一方面还得扎根在数据中，看看除了当下的关注点，是否还有别的重要的主题层递出来。这个过程很难做到整齐、整洁、条理清晰，我们用迭代、循环来描述这样的过程。

DS：那怎么确定在访谈期间，这些数据都能展现出想要的结果呢？

PL：首先，作者指出数据分析遵循的扎根理论视角。作者的出发点是员工个人建构作用的存在，但是这种作用具体表现在哪里，具体是什么，作者并没有预先想要的结果。其次，我们编码时，分析访谈数据，不是说要满足所有的人都说了同样的话这种对数量的要求。不是这样的。对访谈编码是为了用这些访谈对象的观点、经历、体验来建立一个全盘的视角（holistic view），是关于这个公司里员工角色转换和适应的，不是关于一个一个的员工的。公司是分析的单位。作者在访谈中都问了什么问题？访谈的方向，访谈都问了些什么，就哪些方面跟访谈对象进行了很深入的交流，这些在正文的方法里要有所呈现。这样一来，读者通过阅读就能获得对数据较为全面的了解。量化研究中有操作（operationalization）。质性研究也有类似的工作。在设计访谈时，要琢磨，我得问什么问题，怎么问，才能获得回答我的研究问题所必需的数据。这里面得有逻辑。

DS：（问了）访谈对象现在工作的要求。

PL：不是要求，是挑战，主要的挑战，那才包含个人的努力。除了个人面对的这种挑战，还问了什么？

DS：对下一个岗位的预期的挑战，还有之前工作经历中的一些关键性的事件。

PL：为什么要问关键性的事件？为什么要问这些里程碑式的经历？

DS：是不是要对这个人有更多的了解？

PL：了解访谈对象是为了做什么？我们回到研究问题上去，作者想研究的是什么？

DS：我觉得是想通过这个人的过去了解他。

PL：根据预访谈的数据，初级岗位上的员工并不具备在客户关系上的相关能力和判断，比如说当前处于 A 点，他们知道在职业路径上的下一个岗位是经理级别的，他们向着这个级别的形象努力，不断摸索，不断成长，拥有了经理正式的头衔，当然也具备了这个级别上的能力，到达了 B 点。作者在引言和文献回顾中都论证了什么？论证了现有文献并没有研究从 A 点到 B 点的路上都发生了什么。从 A 点到 B 点的路上是什么？

DS：过程。

PL：这是过程。那么我们怎么研究过程？

DS：看关键性的事件。

PL：是的。我们研究其中的事件，里程碑式的事件，令人印象深刻的事件。把这些关键事件了解了之后，我们就知道这个过程大概是怎么演绎的。本质一样的事件聚成一个阶段，我们识别了过程中的阶段。访谈里边要问这些东西，让访谈对象讲感受，讲体验，从头到尾地讲，这是很重要的。研究过程的时候，要问事件。

DS：除了这个之外，作者还问了访谈对象感受到的自己的优势和弱点，相关的资源和关键性的职场关系，包括他们认为帮助他们成长的关系。

PL：为什么要问他们感受到的自己的优势和弱点？又为什么要问职场关系？为什么问在职场里面的资源？

DS：因为关系重要，它包含身份认同，提供榜样，一些关系会有可能成为成长要借助的资源。

PL：很有道理。这个研究的重要概念是临时性的形象。那这个东西具体从哪里来，就要看在职场中谁对他们的影响大，谁对他们的帮助大，比如给建议、给反馈等。每个人，都好像有一个形象上的"库"一样。问访谈对象自己认为的优势和弱点与理论上作者强调的自我概念和认同建构（identity construction）相对应。这些都是研究设计中的逻辑。

最后，说一下作者呈现研究发现的方式。作者用了一张挺清晰的图。这个图很高明的一个地方就是把这个研究和现有文献联系起来的，让这个研究的贡献一目了然地呈现出来。此外，这篇文章与我们讲过的 JCR（*Journal of Consumer Research*，《消费者研究期刊》）上的文章完全是两种表现风格。具体怎样，比如对数据分析要交代到什么程度，有多详尽，要看各个杂志所面对的学术共同体的习惯和要求。核心是一致的，就是用数据讲故事。

2. Luedicke, M. K., Thompson, C. J. & Giesler, M. (2010). Consumer Identity Work as Moral Protagonism: How Myth and Ideology Animate a Brand-Mediated Moral Conflict. *Journal of Consumer Research,* 36 (April): 1016-1032.

导读

这篇是一项关于消费者身份认同建构的研究。身份认同建构的核心是消费者对符号资源的开发、利用和维护。这里有三种资源。首先是意识形态资源，也就是信仰和价值观意义上的资源，其次是文化迷思，最后是市场资源，主要是品牌和商品。具体到这篇文章，作者关注的是围绕消费道义（moralism of consumption）的身份认同建构，或者说身份认同中道义和道德的一面。之所以突出消费者的主观建构，是因为道德和道义的内涵是多元的，多方面的。这在身份认同建构的三类资源中均有体现。有关道义的文化迷思就是道义需要在道德秩序的守卫者和不讲道德秩序的对手之间不断的冲突和抗衡中得到维护。换句话说，道德秩序的维护中，重点是人，不是道德标准本身。在合乎道德的信仰上，在什么是道德的问题上，有美国例外主义的立场和声讨消费的立场。前者崇尚个人主义，个人自由的神圣不可侵犯，对技术发展的乐观等，维护了这些就是符合道义的；后者提倡对资源的保护，主张要为了集体个人做出牺牲，反对浪费，认为为了追求个人欲望的满足而去铺张浪费等就是不符合道义的。在这个研究中悍马这个汽车品牌的市场资源，聚焦了文化迷思和信仰两个方面的冲突：追捧这个品牌的人和抵制这个品牌的人，从各自的信仰出发，论证悍马消费的道义性，并在消费中践行自己的价值观，将其纳入到自己的身份认同中。

DS：先给大家简单地介绍一下这篇文章。首先是作者为什么做这个研究。背景就引出了研究问题，已有的研究早就在关注消费（consumption）

和消费的道义（moralism of consumption）。作者提出最早的时候关于消费的道德观是对消费主义的一种悲叹和声讨（jeremiad against consumerism）。这在现代背景下演变成了对大众消费（mainstream consumerism）的一种抵制。

PL：这个语境下的大众消费有什么特点？

DS：就是标准化的，受广告、公司这些影响很大。

PL：大众消费是铺张浪费的，消耗资源的。

DS：前人的研究主要是在这个层面上，就是从对大众消费和消费主义的抵制的角度出发，来谈论消费道义。消费者对道德身份认同的建构（moralistic identity work），并没有作为研究的中心，也没有作为理论的中心。

PL：对铺张浪费的谴责，一直是做一个研究背景。学者们还没有真正地去辨析在消费的场景下，从消费者的角度看，到底什么被认为是道德的，什么是不道德的。这篇文章研究的是消费者身份认同建构中的消费道义。

DS：作者发现，大众对于消费主义的抵制是多方面的。这里举了几个例子，比如说为了当地的咖啡品牌而抵制星巴克；美国有一个火人节，也是对消费主义的抵制。但是实际上参与抵制的人在建构身份认同方面的目标是不同的，有的可能是为了体现自己的品味、身份认同等，有非常多的目标。作者认为，既然对所谓缺乏道义感的消费的抵制呈现出如此多样性的目标，包括对身份认同的影响的考量，那有道德感的消费究竟是怎么样成为身份认同建构工作的一部分的。这是未知的，是一个黑盒子。作者先要建立一个框架，文章中的原话就是"myth of the moral protagonist"。比这个更具体的是可以称之为血肉的部分，信仰，作者用的词是"cultural content"，是一种更具象的文化上的内容。

PL："Protagonist"翻译成"戏里的主角、主人公"，更确切的是"运动、观点的倡导者"。作者把道德剧的概念作为了解消费场景中的道德冲突的框架。谴责消费主义的正面人物说现在人们那么铺张、那么浪费地进行消费,人类的未来会怎么样。公民是有合理利用资源和保护资源的责任的。在以他们为主角的这出戏里面,"台词"是什么呢?台词就像刚才说的那些,比如反对炫耀性消费。那这样的台词总得有一个针对的对象。针对的是谁呢?是悍马车的拥趸,他们就是这出戏里的反派(antagonist)。主人公台词的基础是什么?是声讨消费主义的价值观,也就是文化内容,这种价值观赋予消费以意义,比如,开悍马车意味着"美国消费文化中最差劲的铺张浪费"。当然,道德剧、戏、台词、主角等都是比喻了。文章提到"mythic narrative",这个是什么意思?这个的意思是,关于消费的道义形成了一个迷思,认为道义的维护要倚重的是倡导道义和道德秩序的话语的力量。通过道德剧的话语,抨击过度消费的这些人把这种对消费主义的抵制和声讨整合进了自己的身份认同中。作者话锋一转,指出消费道德剧的主角不一定是谴责派。也就是说,在谴责派为主角的道德剧中处于反派地位的消费者也可以利用文化迷思和意识形态两种资源上演以自己为主角的道德剧,演绎出另外一套关于消费中的道义的说辞和话语,把道德感纳入到自己的身份认同建构中。那么,品牌在这个过程中起到什么作用呢?作者用的是"brand-mediated conflict"。量化研究里有中介变量。这里的意思是以品牌作为中介的冲突,就是正反两方的道德冲突是围绕着品牌,在消费的场景中表现出来的。

这篇文章的作者要研究什么?显然,研究谴责派的声讨没有研究反派的逆转有趣。况且反派的逆转是研究中的空白。那么,反派倡导者是怎样阐释消费中的道义感的呢?那就是在消费实践中,以"迷之形式"对意识形态的内容进行改造,不是歪曲,而是为我所用。具体到文章,悍马车主在意识形态和主流价值观里面,找到的资源是什么?

DS:是美国例外论,实际上,简单来说,就是美国人的那种优越感和使命感。悍马车主把自己的消费行为合法化,把自己的消费表现为捍卫美国的价值观——粗犷的个人主义、抱负(ambitions)、个人自由

（personal liberty）是神圣不可侵犯的。他们相信这些价值观是美国的立国之本，捍卫这些才是真正的爱国，才是有道德感的。这篇文章算是对悍马车的案例研究吗？

PL：不是。这篇文章不是案例研究。案例研究简单说研究的对象是以"一"为单位的（unit of one），可能是一个企业，一个机构，一个品牌，甚至一个人。这篇文章研究的不是悍马这个品牌，而是消费者的道德身份认同建构，不是案例研究。介绍一下方法部分吧，作者用的措辞是"research procedure"，质性研究在呈现形式上更灵活一些，有时候有点儿像文学创作。

DS：作者先调查了一些网站，然后做了深度访谈。

PL：为什么要调查网站？到那些网站里看什么呢？

DS：网站上看出来的就是这两方的一种对抗，暗含了一些意义。

PL：作者研究的问题是什么？

DS：研究的问题是怎么样通过道德剧来建立道德感的意义系统。

PL：那么，在哪里可以直接"看"到、"听"到这种道德剧？为了对这种道德剧中有关消费道义的意义系统获得一个初步的了解，从哪里入手会比较容易？首先需要给消费道义找一个现实中的落锚点，或者载体。理想的就是有争议的品牌，而且是长期以来的、针锋相对的争议。悍马车无疑是符合这种要求的。像划车，在风挡玻璃上留个小条辱骂一下车主，甚至在偶遇时对车主的直接攻击，都表明拥有和使用这个品牌是从道义上被强烈谴责的消费实践。

不过，这种关于冲突的零星记录对于了解道德剧构建和宣扬的意义体系显然是不够的。这里需要的数据得有历史维度和群体维度。因此，作者第一步调查了谴责派扎堆聚集的地方，就是抵制悍马的网站，发现那里流行的舆论确实折射出了长久以来对消费的哀叹，而且自命身份的悍马车主也不时地要攻击一下这些说辞，说他们"不够美国"（un-American）。对过度消费的声讨是老生常谈，更有趣的，也是还没有被充分解析的是被指责为不顾道义的一方的反应。用文中的话，悍马车主在这样的文化舆论环境中是如何为自身辩解的？他们建构和维护的价值观是什么？

那么，在对这些问题展开研究之前，是不是要先确定悍马车主对于舆论环境中的批评和抵制并非无视和听之任之？更进一步，是不是要先确定悍马车主也在试图构建和表达他们在消费中所秉承的道义逻辑？为此，作者调查了悍马车主在网络上的聚集地，也识别了一套以"不够美国"为主题的话语。先确定现象的存在，接下来着手洞悉"怎么样"才有意义。这是作者在构思研究设计时需要考虑的。接下来，为了了解悍马车主是怎么感受、怎么理解、怎么践行消费道义的，作者做了深度访谈，听他们讲他们的想法。从网站上看到这些人确实参与了这一冲突并卷入争斗、争吵，然后要问，他们为什么去吵，他们是怎么应对谴责的声音和行为的，希望访谈对象讲他们的策略、逻辑，以及对悍马品牌的理解。

DS：作者说到悍马车主的表现，他们的讲述分两种，一种是话术层面的，还有一种是仪式层面的。这个仪式层面是什么？

PL：作者用词是"ritualistic"，指的就是仪式性行为，已经成为一种类似于习惯，但是在习惯行动之外它是有意义的行为。刚才说到文化，我理解的文化简单说无非表现在行为方式（the way of doing）和思维方式（the way of thinking）上。悍马车主圈子文化的一个重要方面就反映在他们围绕着道德争议和冲突所形成的做事方式和思维方式上。悍马车主们对外界谴责的反应一方面是说辞，修辞意义上的，也就是他们怎么说的，说了什么，要很雄辩，有逻辑，有证据。说辞反映思维方式。说辞是有仪式感的，仪式性的，指向的是做了什么，表明行为方式。为什么用仪式化的说法？因为有时候就那么做，让外人感觉没有什么实际意义，是按部就班的，但深挖一下会发现对于参与其中的人来说是有意义的。了解文化，要听其中的成员说什么，也要看他们做什么和怎么做。有时候他们说什么不一定能完全对应他们是怎么想的，因此作者做了观察，他跟随访谈对象去他们的活动场所，农场、野外什么的，在"真实"的用车环境中请教跟车有关的观念和想法。大家注意一下作者是怎么定位自己的。他说他是一个欧洲人，想了解一下美国文化，这与作者在调查网站时注意到的"不够美国"的主题相关照，也许访谈对象会侧重讲述他们眼中纯正的美国理念是什么。作者在做访谈的时候都问什么问题了？

DS：他首先问的是一般性的问题。之后引导他们讲述悍马品牌。

PL：然后作者提到了什么？对悍马最初的印象（first impression），对悍马品牌广告的反应（reception of advertisement）。为什么要研究对广告的反应和感受？作者指出消费者之间的冲突是用品牌来做中介的。这个语境里的品牌是有很多层次的。一个层次就是作为消费对象，买这个车是用来开着去农场的。还有一个是什么？作者问悍马车主怎么看悍马的广告。为什么问这个问题？因为广告诠释着品牌到底是什么。

DS：品牌的这种性情。

PL：广告呈现着品牌的性情，以更微妙的形式界定悍马是什么，从文化上界定。这个设计是非常巧妙的，能够挖掘出悍马车主认同的价值观。之前，说到道德一直作为行为研究的背景，这个研究试图揭示在消费者的世界里，在他们的消费实践中道德感和道义感是什么。作者发现，道德的意涵是多元的。

DS：在行文中，关于方法上的选择，需要我们给出理由吗？一定要说明我为什么选择这个方法吗？

PL：需要。我们先把方法设计得合理，然后把过程如实地说清楚，告诉读者研究是怎么做的，为什么这么做，表明这样获得的数据能够有效回答我们的研究问题。当然，因为篇幅的限制，我们希望以最简洁的方式实现这个目标。

3. Arsel, Z. & Bean, J. (2013). Taste Regimes and Market-

Mediated Practice. *Journal of Consumer Research,* 39 (February): 899-917.

导读

　　这篇文章研究品味规范。说到品味、品味规范或者品味标准是如何对一个阶层的消费者产生影响的，其实有两个方面。一个方面是它的出现，品味的出现往往伴有话术和修辞术，就是话语体系的出现，就像文章中提到的网站、博客，这些制度性因素，把特定消费文化中标志着所谓品味的美学标准演绎出来。另一个方面是品味规范体系的维护和维持。第一个方面主要是"说"什么；第二个方面主要是关于日常做什么（doing），作者用实践这个概念来表达日常行为。又回到文化上，什么是文化？行为方式和思维方式。怎么体现的？在修辞里体现出来。想法也是被修辞生产出来的，对应的英文是"created""produced""reproduced"，这些是质性研究常用的词汇。怎么做的？这个"怎么做"着眼的是日常，日常实践实际上支撑和保持着话语塑造出来的"流行"观念。

　　DS：这篇文章讲的是品味，但不止讲品味这个事情。之前的文献都讲品味是一个社会阶层的延续。这篇文章的作者关注品味是怎样具体地影响到消费者日常实践的。作者指出，以前所有的关于品味的研究，都强调品味标识着社会阶层的差别，他们的研究是讲品味是怎样被实践的，如何落地到消费者日常的消费实践（consumption practice）上。

　　PL：再直接一些，这个研究跟之前的研究有什么不一样？

　　DS：这个研究探究的不是不同的社会阶层，是在同一个社会阶层里进行研究。

　　PL：很准确。这个研究试图揭示的是"新"的品味是怎样进入一个社会阶层的日常的，而以往的研究都是跨阶层的比较、区隔（distinguishing）。

DS： 作者研究品味具体是怎么样被实践的，品味是怎样创造和维护具体的消费实践的。文章做出的贡献主要在两个方面。第一，定义了什么是品味规范（taste regimes）。第二，揭示了品味规范是如何协调不同实践的，包括问题化、仪式化和工具化。之后，作者介绍了研究情境，就是关于室内家装和消费的情境。从公司介绍可以发现，作者选择这个情境是有原因的，因为室内家装消费量很大。这里面有很多跟消费有关的决策，不管是换个灯泡，还是那么多书怎么摆，都是一种品味的实践行为。第二个原因，我认为作者选择室内消费，选择 AT 这个公司线上的部分，就是因为博客，是因为博客的参与者（他们用了参与者这个词）。参与者基本上是一个阶层的，符合我们想研究这个问题的需求。理论背景上，之前有很多社会学家提到的一些关于品味的具体的定义，作者想强调的是反思的一面，就是物和人之间关系的反身性。

PL： "Reflexive" 是自我反思，自己想想自己，整理了家居环境之后自己反思一下，某个做法应该调整一下，这个东西这么摆放挺好，那个东西应该那么放才符合"简约"的观念，等等。后现代主义视角下，文化上不再有集体统一的东西，都变成碎片，碎片化了，小圈子形成小圈子的文化。这样的背景下，学者开始更多地关注消费者是怎样构建身份认同的。研究者认识到了消费者的主观能动性，用自身的创造力去选择和构建身份认同，也选择消费什么和怎么消费。其中的一个方面就是消费者具有反思能力，能够审视自我。这是一个思潮上的背景。

DS： 除了品味之外，作者还提到以实践理论作为研究的理论框架，他们特别借鉴了 2011 年的一篇文献，把实践概念化成物品、行动、意义三个内容。

PL： 从品味过渡到实践，是什么原因？因为作者认为品味不是把社会阶层区隔开来的静态特征或者机制，品味就是实践，是一个阶层的成员日常的所作所为。这也是作者在品味相关的文献中看到的空白，他们的研究试图弥补这个空白。讲讲他们具体怎么做的吧。

DS：作者首先做了一个内容分析，把博客上所有的文本内容"爬"下来，找出最高频的 500 个词，按照物品、行动、意义三个类别做了内容分析。这部分的编码是两个作者一起做的，他们有统一意见的比例并不是太高，尤其是关于意义的部分，因为意义本来就是主观的。由于两个作者意见统一率比较低，就找了第三个人一起来做编码，最后达成一个共识。其次，作者做了话语分析（narrative analysis）。数据是博客上三个阶段发表的文章，也包括读者对文章的回应和评论。总共有三个部分：从 2011 年的 2 月到 6 月，总共 144 篇，都是直接讨论品味话题的；2004 年到 2010 年 5 月第一周所有的发文，总共 1366 篇；2008 年春天的"家居疗法"合集中的 32 个文章。再次，访谈，作者找了 12 个受访者，他们的类型不太一样，其中有 5 个稳定读者，老用户，有 4 个用户是自己的住所参与了类似"出镜"系列的，2 个是入选了"最小最酷房子"的屋主，可能房子很小，但是收拾得很好，还有 1 个是给博客写文章的签约撰稿人。这 12 个访谈中有 6 个是在受访者家里做的，访谈过程中还让受访者边走边介绍具体的房间布置是怎么样的，是怎么操作的，另外 6 个在其他地方做的访谈中，让受访者去凭记忆介绍了自家室内的具体情况。最后，作者提到说他们的亲身体验，就是他们一直关注这个博客网站，经常会看，也经常会发一些文章，试着应用网站上的解决方案。

PL：最后的这个方法，可以叫参与式观察（participant observation），以后会讲。研究者在用户家做访谈，让访谈对象带着参观，介绍家居物件，这种方法叫时评观察（commented observation），作者观察，访谈对象做评论。现在的问题是，方法设计成这四块，是出于什么考量？

作者关注的是有关品味的规则、标准和观念是怎么在日常消费中发挥影响的。这里先要解释"新"规范怎么来的。作者回述了轻现代主义家居装饰潮流的历史背景，指出市场制度因素，比如文章聚焦的博客网站，在这中间扮演的重要角色。那么，有"实锤"吗？如何落实证据？作者从微观层面，解读了这个博客网站都对它的用户说了什么，概念化的说法是，媒介话语体系所表述和生产出来的轻现代主义家居品味的逻辑和规范。这个博客网站是一个室内装饰设计服务公司在网络上的延伸，通过博客撰文推广理念和所谓表达这些理念的产品，因此，具有媒体或者媒介的功能，向用户传播信息。那么媒介话语去哪里找？这就是为何作者做了内容分析和文本分析。内容分析借鉴以往研究中的物品、行动、意义三个类别，对博客文章进行集中编码，找到媒介围绕实践进行话语生产的证据。那么，话语的内在逻辑呢？提倡什么，推崇什么，如何表达这种提倡和推崇？作者对媒介话语做了文本分析。我们要看一下作者对博客文章是如何抽样的。作者用了一种保证样本的随机性和代表性的常见做法，找一段环境干扰相对少的时间，纵贯式地截取数据，如6年间的每个5月的第一周。

作者对品味相关的规范和标准的另外一个叫法是什么？英文叫"practical knowledge"，就是实际应用的知识，实用知识。内容分析和话语分析回答了"有没有实用知识"和"实用知识是什么"的问题。接下来的就是重头任务，回答媒介生产出来的实用知识是怎样在日常中派上用场的。回答这个问题，需要关于什么的数据？去哪里才能抓取到？显然，应用这些知识的主体是博客社区的用户、消费者，作者需要听这些用户亲口讲博客演绎的品味逻辑是怎样进入他们的日常生活，规范和启发他们进行日常家居打理工作的。这些都是深度访谈能够抓取的数据。

那么，对于哪些用户来说，在日常生活中把博客提倡的付诸行动的可能性更大？换句话说，对什么样的用户进行深访能够得到必需的数据？这涉及访谈对象的招募和选择。到这里，应该明白为什么访谈对象中有让家居出镜过的用户，有入围社区"家居竞赛"的用户。从博客运营方来看，这些是"模范"用户，样板用户，他们对家居品味的践行应该说是达到了博客希望的状态，符合博客的"要求"。

这里要说一下作者在访谈上的选择。"长"访谈（long interview），也叫细致访谈（intensive interview）。长，不是表面的意思，不单单指

访谈用的时间长。长访谈更多地着眼于研究者的目的。文章指出，作者
通过非结构性访谈，试图了解访谈对象是如何与品味规范建立联结的，
如何在日常生活中实施这些规范的。长访谈强调的是进入研究对象的生
活世界，彻底地、细致地了解他们日常体验的内容和模式。通过细致访谈，
研究者也希望进入研究对象的内心世界，触摸到他们看周遭世界的逻辑。
这类访谈一定是非结构性的，比如作者就提到，一些更具体的问题会在
他们和研究对象之间现象学意义上的对话（phenomenological dialogue）
中呈现出来。

我们说过现象学传统下的消费研究，关注的是消费者内在的感受和
他们的体验。现象学的对话或者访谈，是围绕着访谈对象的个人生活经
历和事迹展开的，鼓励研究对象讲述他们的事儿，集中在他们的日常生
活世界上。那么，访谈完了，得到的数据是什么样的？以描述性的为主。
前面提到过时评观察，就是在用户家里，一边看，一边请用户讲解物品
小传（objects biographies）。我们都知道什么是人物传记，现在说一下
这些物件的传记。访谈对象对物件的描述一定比对"什么时候买的""在
哪买的""花了多少钱"等问题的回答要丰富。这里侧重的是家具和家
居用品的历史，它的来历，在家里的功用，家人对这些物件的使用，等等。
作者用这么一个有趣的词清楚地界定了他们在访谈中试图获得哪方面的
数据。

在其他访谈中，作者请访谈对象想象带着作者参观自己的家，对经
过的每一件物件做出描述。从这种基于想象的描述，可以看出一个用户
从哪些角度，用什么样的词汇识别和欣赏一件件家居物件，品味标准在
这里潜移默化地起作用。研究者希望以此获得像研究对象一样去看待和
体验他们的世界的机会。此外，这些用户也被问到他们是如何利用博客
和其他相关媒介的。这样一来，作者表明了什么？我们特别强调，质性
研究在写作过程中，尤其是在方法和发现部分，要展示给读者，让读者
看到作者逻辑的合理、故事的一致、结论的严谨等。这篇文章就是通过

介绍方法上的一系列选择和具体细节，向读者展示，作者收集数据的方式和途径允许他们对想要洞悉的现象展开研究，这是一个有效的研究。

如果家居出镜的和家居入选榜单的这 6 位访谈对象都是"极端"的用户，那么 5 位"常客"的实践就代表着社区用户的"正常"情况。综合起来，这样选择访谈对象，如果访谈执行得好，数据质量好，就可以揭示这个社区里生产和再造的家居美学规范是如何在用户日常家居实践中落地的，也就是如何被采纳、被内化的。作者还找了一个付费的博客撰稿人。先对博客围绕品味的话语做了分析，再深访参与话语生产的写手，作为对话语分析获得的洞察的补充。

最后是参与式观察和内省（introspection）。参与式观察是消费研究，尤其是涉及生活方式类消费时常用的方法。对于消费者社群，比如这个博客的用户群来说，研究者是外来的，他们试图阐释这个社群内部的文化逻辑、价值观和相应的行为模式，等等。这种阐释是主观的，那么如何保证研究者的主观阐释与研究对象的感受和体验是吻合的？这要求研究者像研究对象一样"生活"，就是说追踪博客更新，应用博客推荐的方式整理家居环境，等等。研究别人的时候，自己先深入体验一下，观察自己的经历和变化，获得洞见，缩短外来人与消费社群的文化距离。

这篇文章的第二作者曾经是这个博客社区的签约撰稿人，也是艺术系的教授，还是了解家装家居轻现代主义潮流的内部人士。讲临时身份认同那篇文章的作者曾在哈佛长期从事培训工作。研究数字音乐下载的作者自己原来就是独立音乐创作人。质性研究里好像有"杀熟"的趋势。事实上，有经验的研究者也建议从熟悉的现象入手做研究。文化意义上的在场有助于锤炼研究者对消费现象和管理现象中的重要问题的敏感，对这些重要问题的复杂性保持警醒。更何况，"自己人"的身份也有助于调研工作的展开。

第 3 章

民族志研究

│ **3.1 什么是民族志研究?** │

简单说来,民族志是以文化为聚焦点而展开的自然主义研究(Arnould & Wallendorf, 1994; Lincoln & Guba, 1985)。民族志研究试图揭示文化在塑造和影响其成员的行为和体验的同时又被其成员的行为和体验所塑造和影响的方式和过程。为了揭示基于文化的差异,民族志研究者应用独特的数据收集和分析方法,在研究上表现出四个特点。

第一,民族志研究聚焦行为上的差异,这种差异的根源不是个体认知的不同,而是个体所处的群体在文化和社会上的独特性。换句话说,通过系统地记录人在自然情境下的行动,民族志研究揭示的是内嵌在社会文化中的特殊化行为,这些行为是不能被移植或者推广到其他研究情境中的。

第二,民族志研究的标志性方法是参与式观察,研究者在追随研究对象的过程中得以现场直击研究对象日常生活中的重要事件。正是通过对这些重要事件的解读,他们得以了解研究对象所处的文化。由于研究者很难提前预知在参与式观察中能发现和收获什么,因此在田野调研中,特别是刚开始的时候,他们很难制订出一个细致完善的调研计划,更谈不上严格执行这样的计划,因此,民族志研究普遍耗时很长。

第三,民族志研究的发现需要得到两个受众的首肯。研究者对观察到的行为的阐释,也就是对这些行为背后的文化机制的解读,对于研究对象来说必须是正确的，同时对于学术同行来说要有说服力，是可信的。

第四，民族志研究依赖多种数据来源，但其目的不是在多种来源的数据之间寻求趋同的结论，而是建构多样化的视角，以保证对观察到的行为和情境的描述和取得的认识，与研究地的文化现实相符。研究者承认在研究地的文化情境中，分歧的视角是共存的。研究的目的就是要进一步解释这种共存，从而把文化洞见推向更深的层次。

| 3.2 什么时候用民族志研究？ |

民族志研究适合应用到以下三种情况中。

第一，研究者关注的是自然场景下的行为、过程、文化。

第二，研究者的目的是深入了解和记录一个场景中的各种意义。

第三，研究者聚焦的是人在某种特定场景下的行为。

具体到营销和管理领域，民族志方法可以被用来研究相关从业人员在组织环境中的职业行为，比如如何做出计划、产品研发和战略方面的决策，如何开展销售活动，如何提供服务，等等。民族志方法也可以被用来研究市场环境中人的消费行为和消费现象，比如消费者的文化适应是怎样建立的，品牌社群的内部机制是怎样形成和发挥影响的，消费者与品牌的关系是怎样转变或者被重塑的。实地调研中，研究者也许会发现研究对象的自述与他们观察到的情形有出入，这个时候，可以考虑应用民族志的标志性方法——参与式观察，去揭示矛盾背后的文化机制（Arnould & Wallendorf，1994）。

｜ 3.3 怎样开展民族志研究？ ｜

民族志研究的重要标志是田野调研，而田野调研中的核心工作内容是两种相互交织，缺一不可的活动：从事参与式观察和撰写田野笔记（Emerson et al.，2011）。民族志研究中，研究者关注一个群体是如何进行日常活动的。通常，研究者是一个局外人，甚至是一个"文化上的外星人"（Emerson et al.，2011），对研究对象所处的日常场景并不熟悉。为了深入细致地了解研究对象的处境、决策、行动、理由、感受等，研究者需要进入到研究地，也就是研究对象日常工作或者生活的社会环境中，参与到构成研究地日常的各种常规内容中，与其中的行动主体建立持续相处的关系，并时刻保持对研究地发生的事件和动态的观察。这就是参与式观察。在这个基础之上，研究者需要随时把自己看到了什么，听到了什么，了解到了什么，有什么感受都写下来。也就是说，研究者要一边做第一手的观察，一边以系统的、有规律的方式，形成他们观察所得和调研体验的文字记录，这就是田野笔记。

3.3.1 民族志研究的特点

民族志研究的目的是贴近并深入了解研究对象的日常活动和体验。要实现"贴近"，对研究者最基本的要求就是要从物理意义上和社会意义上保持对研究对象日常活动的接近和亲近。为此，研究者要保证他们在研究对象关键的生活场景和处境中处于在场的状态。很多时候，研究者事先并不能知道哪些场景是关键的。因此，研究者需要潜浸在研究对象的世界里，以便有机会亲自感受和厘清对于研究对象来说，什么是重要的，什么是有意义的，以及为什么这样。通过潜浸式的参与和观察，研究者才有机会获得一种"局内人"的视角，对周围发生的事情、动态、条件、局限、限制等保持局内人的敏感。在民族志研究中，潜浸式调研包括两层含义。首先，研究者与研究对象共处，以便目睹研究对象对发生的事件的反应。其次，研究者亲身体验这一系列事件和状况是如何发生发展的。研究者不仅要与研究对象生活在一起，还要像他们一样生活（Van Maanen, 2011）。从这个意义上来说，做民族志研究有"做"和"成为"两个方面。

民族志研究要求研究者对研究地的参与式观察持续一定的时间，严谨的民族志研究有持续 13 个月的传统。有了连续的参与和在场，研究者才能了解到不断发生的事件、互动、行动是如何构建研究对象的生活的。视具体研究问题而定，这里所说的生活可能是日常生活，也可能是职场生活。更具体地说，持续在场让研究者有机会目睹研究对象是如何应对组织环境或者社会环境中的不确定性和模糊性的，意义系统和重要性是如何在研究对象的互动中呈递出来的，研究对象的认识和立场是如何随着时间的推移得以保持或者发生变化的，以及这些因素又是如何影响研究对象的后续行动和决策的。如果说民族志研究者从理论上认可社会生活是一个过程的观点，那么对此保持敏感的习惯和能力则需要借助连续性的、长时间的参与式观察来养成。

民族志研究者在数据收集的过程中，要保持以研究对象为中心的姿态和做法。同时，也要注意不能失去对所从事的研究工作以及自身的研究者身份的意识。换句话说，在田野调研中的民族志研究者必须对自身从事的参与式观察保持观察，对哪些是研究对象的视角，哪些是受到自身知识结构、学术规范、研究议程等偏见影响的研究者视角保持警惕。

3.3.2 参与式观察

在参与式观察中究竟要观察什么？简单说，研究者要观察的是自然发生的行为和交流互动。为什么要观察这些自然发生的行为和交流互动？因为它们体现着研究对象内化的文化规范、价值导向和信仰。

进行参与式观察时，研究者在以下问题上要做出决策（Belk et al.,

2013）：把观察聚焦在哪里？观察中忽略什么？对什么做出回应？如何回应？观察过程中记录什么？怎么记录？以对消费的研究为例，研究聚焦的一定是消费的社会情境和围绕着消费的各种互动，试图了解消费者活生生的消费体验。通过参与式观察，研究者可以触及消费中复杂的细节，比如群体决策中的重要灵感和不同意见，有关费用分配的商讨，产品使用的规律，替代品，消费者即兴的产品评价和判断，积极的社会化，间接的学习，对根植于文化的消费规范的践行，等等（Belk et al., 2013）。自然情境下的观察，允许研究者看到多重驱动因素在消费场景中是如何同时发生作用的。

参与式观察有以下几个特点：社会行为、事件和实践是从研究对象的角度被理解的，而且是将其放在社会情境或者历史情境中加以理解的，研究者优先关注对细节的捕捉和记录。社会行为不是作为独立事件，而是作为动态的过程来被理解的。虽然研究者对研究地最初的观察，与研究对象最初的接触多半受到特定的普遍性理论框架的影响，但是在研究的不断推进中，研究者要通过自我审视有意识地克服自身偏见，避免把现有理论概念强加给研究对象。

在田野调研的初始设计阶段，研究者需要确定自身以什么身份进入研究地。通常认为有三种身份可供研究者选择（Adler & Adler, 1994）。虽然如此，但是无论研究者选择哪一种角色，从本质上来说，他们做的都是以成为企业、机构、组织、社群中的一员的方式，参与到所观察和研究的现象中去。第一种情况下，研究者在研究地作为边缘成员。研究者与研究地保持每天或者基本是每天的接触，与研究地成员有泛泛的点头之交，也可能会跟重要的研究对象交往深一些，总的来说对研究地活动的参与度是很低的。以我们对自助户外玩家的研究为例，一个边缘的成员，只是以队员的身份参加玩家社群里最基本的活动。如果研究者在这个社群中承担了更多的职责，比如以领队身份发起和组织活动，并因此与社群里其他的主要成员发生交流和互动，那么此时他就是在以活跃成员的身份进行研究。活跃成员在研究地处于一个更中心化的位置，通常除了观察者的身份，还要承担一种职能。担当职责有助于研究者获得信任，被群体接受，但是也会增加研究者对研究地的认同。最后一种情况，"完全成员"，研究者本身就是自助户外玩家，在社区中担任重要管理工作，是社群的核心人物。如果自助户外活动从一种业务爱好，变成了研究要解释的现象，那么研究者就是以社群核心成员的身份在进行数据搜集了，研究者自己就是所要观察的现象的一部分。以上这三种身份中，尤其是后两种，研究者要在主观上有充分的意识，注意保持自己的研究者视角和敏感。研究者需要定期有意识地从所参与的活动中抽离出来，做适当的反思，看清自身的角色，以保持研究者视角。到底以哪种身份进入研究地，受到很多因素影响，包括研究地的条件，研究者自身的情况，研究过程中研究地的变化，研究过程中研究者的变化等。

在进行参与式观察时，研究者也可以借助摄影摄像设备留下影像资料。在自然场景下捕捉到的影像数据有几种用处，比如，为分析消费中各种事件的时间顺序提供便利，帮助研究者更容易地识别消费中的重要时刻，让研究者更直观地领会到消费者曾经就操作、与商品的互动等做出的描述的具体含义。

3.3.3 研究笔记

民族志研究中，研究者需要如实地记录自己的观察，研究笔记是进行记录的重要手段。换句话说，参与式观察期间和之后，写作构成了民族志研究中最主要的活动，会占去研究者大量的时间和精力。事实上，撰写研究笔记比田野观察还要关键。随着时间的推移，记忆通常都会流失，如果不能很好地管理写作活动，一拖再拖，迟迟不肯动笔，那么研究者就会发现越来越难以用文字直观地捕捉住研究对象活生生的生活体验。这意味着研究者面临的产出压力也越来越大。

研究笔记可以分为以下三种。

1. 精华版笔记

精华版笔记是在参与式观察或者访谈过程中对真实发生的事情的记录。由于时间和场合的局限，研究者不太可能把所见所闻全部记录下来，因此精华版的笔记通常只有一些词语、单个的字或者词、零散的句子等。单个的词语，很多时候是研究对象的原话，或者他们使用的习惯用语，或者行话。初学者可能会觉得这种笔记是只言片语，太过碎片化，对研究的意义不大，尤其在现场不方便录音，后期不能提供完整声音或者影像记录的时候更是如此。实际上，这种在现场记下的笔记，价值是非常大的，在后续撰写研究笔记的时候，这些只言片语维系着研究者和研究地的联结。因此，在每一个访谈中，即便有录音，研究者也要随时做笔记，记录访谈对象的一些说法，比如特殊用词和用语。

草草记下几笔看似简单，但在民族志研究中是很敏感的行为。有时候，与研究对象建立起来的信任关系，可能就在研究者掏出本子，或者拿出智能手机准备记录的那一瞬间被破坏掉了。研究者要非常谨慎、灵活地决定，在什么时候，在哪里，以什么方式做精华版笔记。

关于时机。研究者通常纠结的是，是保持对当前活动的完全参与，还是抽身出来，"划拉"几条笔记，同时不对研究对象和正在发生的事件造成影响。这里有两种技巧。研究者在互动中尽量扮演一个次要和边缘的角色，这样，他们无论做什么，都不会对现场的活动造成很大干扰。研究者也可以按照现场活动的节奏，找到恰当的时机离场，比如，利用会议中间的休息环节，到一个合适的场所写下笔记。

关于场所。在企业调研时，研究者可以去咖啡厅、会议室、茶水间等公共空间快速地写下笔记。这些都是企业员工休息或者独处时常去的地方，研究者在此的活动不会引起太大注意。

关于方式。研究者需要根据自己的喜好和具体条件来决定用哪种工具做笔记。比如，当不会对观察的现象有干扰时，研究者可以根据自己的习惯把笔记写在本子上，或者告示贴上。

关于意图。研究者要对驻场观察的机构明确表明自己的研究目的，获得进行记录的口头许可。我们认为，从研究伦理和后续研究流程推进的角度，研究者应该在进入研究地之初，就向研究对象明确自己需要记录笔记，并获得许可。越早明确，研究对象越容易把研究者和记录者的身份联系起来，那么在很多场景里，由于习惯了研究者的这种身份，研究对象就不会过多地去留意研究者的行为了。

以上四个方面，需要研究者根据自己人际沟通的技巧和直觉来判断怎么处理和选择才是较为合适的。

2. 展开版笔记

展开版笔记是对精华版笔记的扩展。如果条件允许，研究者应该在田野调研结束后及时地把细节、场景等详细的信息补记下来。现场记下的只言片语，可以发挥重要的提示作用。这种时候，田野调研中的人、地点、事件、交谈等都要被详细识别和记录下来。人们讲的话，最好要逐字记录。关于这个阶段的工作，有两种观点。一种观点认为，研究者只要有好的记忆力和勤恳的精神，就可撰写翔实的笔记，后者像镜子一样，如实地"反映"出研究地的现实。另一种观点认为，即便是直白的描述性文字，也都是研究者的一种建构，呈现的是研究者认为重要的方面和内容。

撰写展开版笔记是研究场景从田野转向书桌的节点。有很多研究者奉行一小时的观察需要一小时的记录的准则。也有很多研究者指出，对于初学者来说，每次田野观察最好不要超过 4 个小时，否则对研究地发生的事情的记忆会变得模糊，更为重要的是，在研究地一次性待的时间过长会导致撰写研究笔记的工作量变得很大。不过也有一些例外的情况。比如研究者采取了活跃成员的身份进入研究地的时候，通常要整天在场。这种安排对研究其实是有利的。在整理笔记阶段，研究者可以养成习惯，就是每天都先记录研究地的日常规律和日常节奏，然后着重记录当天发生的"重要的"事件，这样有助于研究者捕捉到自己感兴趣的现象和事件。

关于写作的时机。通常建议研究者从田野返回后，直接投入到笔记的撰写中。如果在此之前，与别人先讲了一通"今天的所见所闻"，那么在写作时，研究者一般就很难保持心理上的即时感。即便白天经历了有张力的事件，跟别人分享以后再写笔记也会剥夺掉研究者进行情感宣泄的动力，写笔记感受起来不过就是一种对经历的单纯重述。重新体验和回顾自己一天所经历的兴奋、新鲜、困惑等，能够促进研究者在表达上的释放和洞察的形成。在撰写笔记的时候，研究者应该把注意力放在自己观察到和记住的场景上，而不是自己的措辞和造句上，目的是尽可能地多写内容，尽可能地多写细节，把分析和评估，内容的编辑，如何措辞来说服日后的读者等任务留到以后去做。

有些时候，研究者可以依赖田野里潦草写下的提纲，有些时候只能借助自己脑子里的笔记来重构当天发生的事件。一种常用的做法是以时间为顺序，追溯一天的活动和观察，从而按照经历的顺序，回忆起值得留意的事件。另一种做法是从当天的高光时刻开始，详细记录当天最重要、最生动的事件，同时考量是否可以按照研究内容，对其他重要事件进行梳理。此外，有些研究者倾向于按照自己的兴趣，对研究地的事件进行记录和整理。

需要指出的是，在撰写研究笔记时，研究者其实已经开始对数据进行初步分析了——通过梳理自己的经历，能够看到一些基本的规律。此外，研究者还要决定，笔记中／分析中，要包括什么，不包括什么。后者包括研究地里次要的活动，研究者不感兴趣的内容，研究对象认为不重要的事情。当然，所谓重要性也是可能变化和逐渐呈递出现的现象，初学者还是要尽可能多地记录。整理出了关于一个事件的完整故事时，最好也记录一些貌似离题的活动和评论，因为这些素材可以帮助研究者更好地洞察核心活动。

展开版笔记又大致可以分为记录性笔记和分析性笔记。

　　记录性笔记主要是对场景的还原。有三种技巧可以帮助研究者在撰写记录性笔记时，充分借助细节呈现他们观察到的社会生活中的重要时刻。

　　描述印象：这里特指通过细致记录感官印象来描绘观察到的场景、环境、情节、物品、人、行动等。初学者的困惑是不知道什么算是重要的，因而他们需要详细记录下自己在某个时刻的印象。

　　再现对话：就是研究者面前发生的谈话，或者研究对象自己曾经参与过的谈话。这些谈话很重要，因为组织成员们对自己经历的描述和讲的故事是他们世界观的重要索引。此处，还要注意他们的身体语言、表情等。这些凸显研究对象的性格。谈话中提出的行动建议，是研究者了解谈话人的社会地位、身份认同、个人风格和兴趣的重要线索。由于很难仅凭记忆就准确捕获谈话的细节，有些研究者用录音的形式记录自然发生的谈话。

　　刻画特征：这种技巧主要是用在对人的描述上。当对一个人的衣着和动作的描写只能有限地传达个体意义的时候，就应该转向描绘这个人的特征，比如他是怎样说话的，怎样做事的，怎样和别人打交道的，而这些特征往往是这个人在特定情境下表现出来的。这种情况下，需要确定谁是场景中的中心人物，谁是边缘人物。中心人物的确定与研究者的理论兴趣和方法上的策略有关。此外，也可以从场景中人们的注意力导向上判断人物之间的权力关系。如果大家都把注意力集中到一个特定的人身上，那么这个人就是要描述的中心人物。随着研究的深入，要定期地对已经形成的特征化描述进行反思和修补，以反映最新洞察到的特征和特质。

　　具体到当天笔记的内容和架构，要注意两点，一是撰写笔记要尽量快，二是要平衡速度和表述的清晰度。有经验的研究者通常围绕一个个完整的写作单位来组织研究笔记。写作单位之间有内在的连贯性，每个写作单位又有明确的开始和结尾。速写和情节是常见的写作单位。

速写主要是通过使用详细的意象来描述场景，涉及的是"静物"，为接下来的互动提供情境，帮助读者更生动地想象出互动双方所处的场景。

情节讲述按时间排布开的行动，从而掀开生活的一角。研究者通常只是记录一个一个情节，而不是进行很长的记录。原因在于研究者不能在一天里跟踪研究地里的所有行动，知晓所有结果。此外，研究者往往也不是很清楚正在写的情节在日后分析中是不是很重要。但是，如果放到一段时间里，就会发现记录这些日常情节有助于研究者识别行为的规律性和研究地各种行动的内在联系。

研究者一旦启动了参与式观察，就不可避免地同时启动了最初的理论探索，他们不时进入反思模式，对所经历和看到的现象做出阐释和解读。撰写在途的分析笔记是让研究者的反思和阐释有所聚焦的重要手段。在途的分析笔记有三种。

旁白通常用括号插在描述中，非常简短，简练地澄清、解释、阐释描述中的具体细节，也可能是对刚刚记录的事件提出的问题，或者是记录研究者当下的一个直觉。后者尤其重要，在保持分析意识的同时，可以避免过早地得出不成熟的结论。

评注是针对记录下来的一个事件、一个问题，或者一天的经历和写作的反思，在文字表述上，更为详尽，更为精心。如果是就事件和问题的评注，那么就出现在对这个事件或者问题的记录后，通常用括号标出来。通过集中标出的评注，研究者就能够把当下的事件或问题同以往的记录联系起来，提示自己接下来要着重观察什么。如果是对当天的观察和笔记的总结性评注，就放在笔记的最后。这个时候，研究者可以问自己一些问题：我今天都知道了什么？我观察到的事情中有哪些是格外有趣的，格外重要的？其中有什么是不确定的？有什么是让人费解的？今天看到的有哪些与以前看到的相似？有哪些是截然不同的？为了进一步探究这个问题，还需要知道什么？无论哪一种情况，评注都意味着研究者的注意力由研究地的事件转移到了想象中的可能对研究者观察和记录下来的内容有兴趣的读者身上。

工作备注是一种研究者花时间和精力，以更系统的方式从数据中建立主题的写作，需要有结构、深度和细节。这里的着眼点，也是外部的，比如同行、评阅人，等等。这个备注的内容虽然不是最终的分析和解读，但是能够为接下来的工作提供洞察、方向和指导，尤其是研究工作进行了一段时间后。研究者可以围绕以下问题展开思考：在一系列事件和互动之间有哪些相对一致的规律性？在那些第一眼看上去貌似一致的事件或者案例中，有哪些细微的、微妙的差异？在那些貌似毫不相干的或者截然不同的事件之间，有哪些相似之处？需要注意的是，写这种备注会占用很多本应花在描述性笔记上的时间，研究者需要时刻注意在尽可能多地记下细节和即时地记下头脑中涌出的理论洞见之间寻找平衡。

3. 田野工作日记

在精华版笔记和展开版笔记之外，民族志研究者最好还要建立写田野工作日记的习惯。田野工作日记跟平常所说的日记类似，在内容上是对研究者的经历、想法、感受的记录，可以包括焦虑、困惑、犯的错误、遇到的问题和瓶颈、对局面的突破、对问题的解决，等等。工作日记，是田野调研工作中较为私人的一个方面，表述的是研究者对研究对象的反应和感受。工作日记要有确切的时间。日后重新阅读时，研究者会看到研究历程中的重要节点，在撰写研究报告时，工作日记也是重要的数据来源。此外，民族志研究中，研究者本身就是一种主要的研究工具（Hirschman，1986），通过阅读带有自我反思性质的工作日记，研究者有可能了解自身的"偏见"和感受，对这些因素在研究结果和发现上的影响，保持敏感。

3.3.4 民族志访谈

民族志访谈和友好的随意交谈非常接近。很多有经验的民族志研究者，都是进行闲聊的高手，以至于绝大部分数据都是在参与式观察和随意交谈中获得的。虽然民族志访谈更接近非正式的交谈，但是二者还是有很大不同的。第一，民族志访谈中话轮转换是不平衡的，研究者问绝大多数问题，研究对象讲述自己的经历。第二，民族志访谈中，重复的话语很多，有时候研究者重复报告人的话，有时候研究者重复自己的问题，比如，我们就曾在一系列的访谈中不时要问服务员："你还能想到其他跟带徒弟有关的事情吗？"第三，研究者经常通过语言或者其他非语言方式表达自己要多了解的兴趣和文化上的"无知"，这在访谈开始的时候，尤其重要。第四，研究者要时刻鼓励研究对象多说，对他们的讲述展开讲解。

之所以叫民族志访谈，根本原因是民族志研究者对待访谈对象的方式与通常的访谈有所不同。民族志访谈对象被叫作"信息提供人"。研究者在访谈中，关心的是报告人对于他们所在的文化都知道什么，报告人用什么概念来界定他们的体验和经历，报告人是如何来界定这些概念的，报告人用什么样的民间理论来解释他们的经历和体验，怎样把报告人的文化知识"翻译"成学术同行能够理解的文化描述。这与实证主义研究中，以研究者为中心，关注用所谓科学理论来解释测量到的行为等非常不同。

民族志访谈不是自然主义的数据，但构成了对观察数据的有益补充。民族志访谈中也可以应用结构性问卷。问卷中的话题、主题、量表内容都是从主位类别中产生的，比如依据以前的观察或者非结构化访谈的阶段性发现，而不是在文献回顾中建立的。需要特别强调的是，在民族志研究中，结构性问卷不是独立的研究方法。

民族志访谈是一种特殊的话语事件，其执行和应用遵循着一套规则。

有经验的研究者擅长在一系列友好的交谈中慢慢通过引进新的元素帮助报告人完成围绕文化的交谈。这些新的元素有三类：明确的目标，民族志视角的澄清和解释，民族志视角的提问和问题。

明确的目标要求研究者每次交谈前都要明确告诉报告人今天的交谈会向哪个方向走，研究者在避免显得很专断的前提下，要逐渐增加对交谈的掌控，把交谈引向能够揭示文化知识的方向。

在一系列访谈中，研究者都要对项目进行说明，申请获得录音许可，如果访谈的方向发生了大的变化，要向报告人解释和说明，这些都属于民族志解释的范畴，总的目的是帮助报告人很好地报告自身的行动和经历以及背后的意义。尤其重要的是，研究者要注意获取"本地语言"，这与民族志研究以文化本身的语言描述文化的目的有关。所以研究者在访谈过程中，要注意及时鼓励报告人以现实场景中与别人交谈的方式同研究者进行交谈。比如问访谈对象："如果你和一个不满意的顾客交谈，你怎么说？"

民族志视角的问题有描述性问题、结构性问题和对比性问题三种。描述性问题是收集报告人语言样本最容易的工具，比如："给我们讲讲从早上进店到现在都做了什么？""能给我们说说周五晚上高峰期时店内的状况吗？"结构性问题能够帮助研究者了解报告人是如何组织自己的知识的，比如："除了以上四种技巧，你还能想出其他挽救服务的办法吗？""你们在日常工作中都会遇见什么样所谓有个性的客人？"对比性问题，让研究者看到报告人用来区分物品和事件所依据的意义的维度，比如："挑剔的顾客和麻烦的顾客有什么不同？"

需要指出的是，民族志访谈通常需要花很多时间才能完成，基本来说，需要访问每一个报告人六七次，每次一个小时，研究者要用很多精力和耐心才有可能贴近研究对象的局内人立场。

| 3.4 经典文献研读 |

这个部分呈现的是本书作者（PL）与学生（DS）就以民族志作为主要研究方法的三篇文章的讨论。重点回答的问题是：作者为什么这样构思和撰写他们文章的方法部分？

1. Workman, J. Jr. (1993). Marketing's Limited Role in New Product Development in One Computer Systems Firm. *Journal of Marketing Research,* 30 (November): 405-421.

营销可以指一系列规范性的活动，也就是企业的营销部门和营销经理们应该做什么和怎么做。作者从不同的角度认识营销，关注营销作为组织环境中的一种职能的一面。更进一步说，作者关注的是企业营销从业人员在变化的群体职场处境中争取存在感和发挥内部影响力的决策和行动。作者研究的是营销职能文化的塑造和践行。民族志方法与这样的研究需求相匹配。

DS：这篇文章如果倒着看的话，就是先知道结论，反倒感觉这个主意（idea）还挺好的。就是说在高科技企业里面，市场人员并没有在新产品开发中扮演着一个重要的角色。如果只看这样一个结论，我们就感觉挺普通的，因为高科技企业本来就是技术导向，科研人员起着主导作用。但是这篇文章论述的过程让我们感觉好像挺有意思的。文章先是抛出问题，就是营销在新产品研发中到底是什么样一个角色？之前的常识，包括之前的文献都认为，在新产品研发中，市场和销售部门应该扮演关键性的角色。作者指出，现实的情况是高科技企业中的关键性角色是创始人，此外还有一些科技人员发挥着主导作用，而市场部只是一个比较边际性的角色。从开头我们就看到了一种张力在里面，像演戏一样，开篇就先抛出了一个矛盾，就是之前大家都认为这个（市场部）很重要，但是在高科技企业中是怎么样的呢？

PL：作者开篇引用了研究地企业的 CEO 对高层经理讲的一段话，第一句就是"The biggest danger to us is market survey"，市场问卷调查是我们最大的危险。这把市场部门在这家企业的处境一针见血又具体地呈现出来了。我们常说撰写质性研究文章时，要侧重用数据表明你的意思，而不是直接把你的诠释告诉读者。这个引用就是一个非常好的例子。

DS：作者的目的是为市场部门在高科技企业的产品研发中所要面对的束缚做出一个现实版的说明，更重要的是研究市场部门对这种安排是怎样反应的，怎样试图做出自己的影响的。接下来第二块就是文献回顾，指出在新产品研发中市场问卷调查很重要，但是问卷的应用也可能有局限，例如可能找错了参与问卷调查的对象，也可能出现调查对象不能回答出问卷问题的情况。针对这些局限有一些修正的方法，例如找消费超前的用户进行问卷调查。作者在文献中找到了两个空白：高科技企业有特殊性，关于高科技新产品是如何研发的，其中市场部门扮演什么角色，并没有被充分地研究过。

然后，文章介绍了研究方法。作者在十个月的时间里对 25 家不同公司的经理人进行了访谈，得到一个初步的印象。我理解是初步的一个想法，就是说市场部门的确只扮演了一个比较次要的角色。作者发现，在这些高科技公司中，负责工程相关工作的经理人和具有技术背景的高管在新产品决策中里头起到了关键性的作用。

作者挑选了一家业务是计算机系统的高科技公司 Zytec，应该跟时代背景有关系，高科技公司主要是与计算机技术相关的公司。Zytec 是技术驱动型的公司，在创立的过程中也把工程师文化和技术人员的权力建立了起来。Zytec 公司的组织框架似乎并不是特别容易去理解和解释。但是，在作者调研期间，Zytec 公司的绩效应该非常好，利润率在不断增长，股价好像还翻了三倍。

从文章看，作者把研究的方法和过程体现得特别详细，把每一个细节都讲得特别清楚。此外，我还挺诧异的：这篇文章只做了一个案例，就是只做了一家企业的研究，这可能是一个劣势，但是优势在于作者在这家企业待了快九个月，扮演了一个边际人员的角色，既能够接触到公司的很多资源，相对来说又没有利益牵扯在里面。

PL：作者是怎么定义研究方法的？参与性观察，不是案例研究。企业本身不是研究对象，企业是研究地，这是民族志研究中的说法，研究对象是管理人员，在新产品研发中发挥影响的管理人员。事实上，作者的方法从理论出发点上和设计与执行上都是符合民族志研究的特质的。只是民族志研究中有 13 个月的说法，就是研究者在研究地要持续地"生活"13 个月。作者谨慎地讲自己做的是参与式观察。

请大家思考一下，Zytec 这家企业有什么有趣的地方，值得被作为研究地？还是先要回到研究问题上。同学总结得非常好。作者在文献中发现了两个空白。第一，都说高科技企业有独特性，那么在研发中，这种独特性是如何表现出来的？高科技企业的研发过程到底是怎样的？这些问题，学术界还没深入研究过。第二，都说高科技企业中，营销人对新产品决策的影响甚微，那么的确是这样吗？营销人对此有什么反应呢？学术界对此，也没有深入研究。像同学介绍的，作者先对高科技企业的营销人做了面对面访谈，对很多其他公司的营销人做了电话访谈。结果发现什么了？营销人在高科技企业中，在新产品决策中，产生的影响是微乎其微的，甚至是不存在的。作者给出了 25 家企业和 37 位营销人这样的细节，这表明了什么？表明的是这一块调研的系统性，高科技企业中营销人影响式微，这个说法是通过对一系列高科技企业营销人的处境的系统性比较得出来的，是反映了现实情况的。换句话说，作者要解读的现象在现实中的高科技企业中的确是存在的。Zytec是一家做计算机系统的公司，高科技公司特有的研发决策过程和机制Zytec也会有。当选择了这家企业作为研究地，只要应用恰当的方法收集和分析数据，那么研究发现就是有效的。

DS：也是为了说明Zytec这个公司具有代表性吧。25个不同的公司实际上都有这种现象，如果上来就只做一家公司，那就不确定是不是具有代表性。

PL：作为研究地，Zytec内部的营销职能和营销人员的境遇具有现象上的代表性。虽然研究聚焦的是一家公司里营销职能的塑造，有很强的情境性，但是工程师和技术人员主导的组织文化，营销人员在技术产品开发中影响力的丧失，迭代发生的新产品研发等都是高科技公司普遍的情况，因此作者在一家典型的公司做了参与式观察，等于说是深度洞悉了一类公司的情况，解析了一个普遍性现象背后的**怎么样**和**为什么，**也就是过程背后的**为什么**。

现在回到Zytec作为研究地来讲有趣的地方。当时的常识，或者共识是在新产品研发中应该多听取营销人的意见。高科技企业的做法与这种常识是相悖的。如果背离常识的企业在绩效上表现不好，就可以说削弱营销人的影响是错误的做法，这就又回到了常识上去了。如果营销人在新产品开发中人微言轻，企业的绩效却非常好，这里就有张力，有值得深究的反差了：反常识的做法不仅是实实在在的存在，而且会带来好的效果，向我们提示这种工作和管理模式与高科技企业多半是匹配的。那么回答一系列问题，比如这种新的产品研发模式是到底怎样的，新产品决策是怎样做出来的，为什么要这样做出来，必然会为学术界和实践界认识高科技企业的新产品研发和高科技企业的营销等新事物、新现象贡献急需的视角。

这篇文章是JMR曾刊出的唯一的一项质性研究，发表在1993年，研究的大背景就是20世纪80年代末90年代初。那时候，高科技企业作为新事物不断涌现，流行的词都是工程师、技术、创新创业等类型。具体到营销，在那个时代之前，营销主要是指消费品（consumer packaged goods，nondurable products）的营销。提到市场，也基本指的是消费品市场。消费品营销中，市场和销售人员的角色是重要的，在新产品开发中，他们的作用更是关键。他们了解市场，了解消费者，能把握消费者的偏好，有经验，有洞见。

计算机技术的兴起带来了改变。首先是一个巨大的企业市场出现了，企业面对的是企业客户。这是新事物。大家看下作者的经费来源，是来自宾州州立大学的企业市场研究中心（Institute for Study of Business Markets）。对企业客户的营销是新事物，工作的要求，工作的内容，开展工作的方式等，与消费品营销都不一样，营销从业人员自身也得去摸索。其次，高科技企业很快发现，那些在消费品营销中广泛应用的市场调研方法对高科技产品并不适用。消费品营销中，企业可以通过问卷调查或者焦点小组访问了解消费者对产品性能、配置、价格等的偏好。到了高科技产品这里，技术快速地发展和更新，普通消费者或者机构客户的决策人员本身并不具备理解这些技术所必需的知识，他们多半也不知道自己的偏好是什么，需求是什么，评价产品时甚至没有一个参照。

讲到这里，一般的思路可能就是研究一下如何更有效地教育市场，引导市场对高科技产品的需求。这篇文章呢？作者把眼光放在了营销从业人员身上。从学术的角度，从实践的角度，趋势都是在高科技企业里面，营销人的地位发生了变化，有的甚至出现边缘化，工程师和技术背景的人对内占据主导地位，对外普遍认为不需要了解用户的需求，原因是用户本身并不了解技术，不具备技术上的想象力，不知道自己需要什么。

对于营销人员来说，这意味着他们的从业环境和在企业内部的职业处境正在发生变化，而这种变化的影响有可能很深远，甚至是颠覆性的。

那么，在高科技企业里，营销这个职能要消失吗？营销从业人员在日常工作中将何去何从？从根本上来说，这篇文章研究的问题是，文化成员是如何应对群体际遇中的变化的。这正是质性研究倾向于关注的普遍性问题之一。

在这样的学术关切下，营销是什么？在这个研究之前，营销更多地被定义成一系列规范性的活动，就是营销应该做什么，对营销的研究也是以这类定义为起点的。当研究者把关注点落在研究对象的处境上——具体来说，就是在高科技企业里，对技术的推崇，科技人员的主导，让营销职能变得貌似无足轻重了，这个时候，营销人员在企业的组织环境中为了开展工作而采取的行动本身成为了研究的重点。这里面不仅有以市场为导向的决策和行动，更重要的是还有以维护和获得内部影响力为目的的决策和行动。同时，即便是高科技企业，不同的企业内部各个部门之间的权力关系可能表现出不同的动态，那么营销人员在工作岗位上做什么和怎么做，想什么和怎么想，也可能表现出各自的独特性。换句话说，作为企业职能的营销，在不同的组织环境中往往呈现出独特的职能文化。这篇文章研究的正是营销人员面对职业影响力受到的挑战和威胁时，是如何采取行动去维护营销职能的地位，进而塑造和演绎出特定的营销职能文化的。具体大家可以看文章的第一段。作者写得特别简洁：高科技企业新产品研发过程中，营销人在试图扮演自己应该扮演的角色时受到种种限制，这篇文章提供一个反映现实的描述，不仅记录这些限制和局限，而且记录营销人为了寻求对新产品开发决策的影响，是以什么方式对这些限制和束缚做出回应的。

我们说质性研究的经典关切之一是研究对象面临的挑战和困境，更进一步，我们要关注和洞悉困境中的研究对象所采取的应对困境的策略。这个文章很好地体现了这种研究模式。我们也可以基于这个模式，提出有趣的、重要的研究问题。那么，为什么对研究对象处境的关切要进一步落实到对他们应对困境的策略的研究呢？因为简单止步于处境是什么，研究就容易做成描述性的，仅仅回答"是什么"的问题。进一步逼视如何应对，那么就会有多种可能性，比如展示群体成员的能动性，触及制度层面、组织层面等深层次的机制，从而回答"为什么"和"怎么样"的问题，获得理论上新的洞见。像这篇文章，研究的是营销人员如何为营销职能争取影响力，研究发现却界定了高科技领域中的新产品开发过程，指出不同于以往营销人员先去调查市场需求，再开发出相应产品的模式，高科技企业的新产品开发中起关键作用的是企业架构，企业自身的学习能力。这样的发现颠覆了学术界对新产品开发的传统认识。

这篇文章研究的是组织职能意义上的营销。作者的视角是一个从外到内的视角，就是外来人士试图了解群体的日常。要深入了解局内人和他们的文化，我们可以做民族志研究，借助长时间的参与式观察获取数据。这个长时间有专门的说法，叫"ethnographic year"。

具体到这个研究，作者在参与式观察中观察的是什么？作者观察的是这家高科技企业的营销人在日常环境中是怎么工作的，包括他们做些什么，说些什么，里边会有什么联盟，有哪些内部的争斗博弈，等等。以往的研究把营销概念化成企业与市场之间，与消费者之间的界面，企业和市场之间连接的界面。作者把营销概念化成企业内部的组织现象，所以他要看营销人是怎么工作的，怎么努力生存的，有哪些相关的社会互动，政治上的博弈，利益上的妥协，责任的界定，可信度的建立等。也就是说，研究的着眼点不一样，收集数据时留意的现象也是不一样的。

我们说质性研究更适用于对那些还没有被充分理论化的现象做出阐释，获得洞见。这篇文章就是一个很好的例子。20 世纪 80 年代末 90 年代初，新兴的高科技企业里面传统意义上的营销工作变得不那么重要了，很多人都看到了这一点，但是还没有学术研究试图进入营销人的日常工作，立足于组织环境的现实，对营销职能的演变进行系统的洞悉。这篇文章的作者看到了这个空白，抓住了还没有被研究的问题。营销人在高科技企业到底是怎么工作的？怎么生存的？到底什么导致了他们用这种方式生存？他们用什么办法谋求更多的影响力？大家从这篇文章应该看到除了企业营销战略和消费者行为范畴内的问题，营销人和营销职能也是值得深入探讨的议题。

DS：我觉得一个好的文章是在于它的反转，这篇文章反转了两次。第一个反转是原来大家都认为市场人员很重要，后来发现不重要。第二个反转是尽管市场人员不那么重要了，但是他们通过自己的方式实际上还在扮演着一个重要的角色。

PL：第二个"反转"是更意料之外的，作者揭示了市场人员是怎么扮演一个重要角色的和为什么能够这样发挥影响，做出了很有价值的学术贡献。作者介绍他的研究方法是"participant observation"。在这个大的类别下做了很多的工作。作为一个参与式观察者，可以采取几种身份。作者采取的是边缘成员的角色。他在公司里边没有职责，就是挂个胸牌，加入到研究地员工的电子邮件群组里，每天去开会，去看公司里面发生的事儿。

民族志研究要有对研究地的介绍。这篇文章的"Overview of Zytec"部分一共有三段。方法部分为什么要包含这些内容呢？从研究设计上来说，这个概览回答了为什么选择 Zytec 公司作为研究地的问题。三段内容都很有必要，不可或缺。第一段告诉读者，这家公司是工程师和工程师背景的管理者拥有绝对话语权的企业，这就确认了营销人员的边缘化地位。那第二段写的是什么？

DS：组织结构。

PL：是组织结构吗？更确切地说，这一段呈现的是研究对象告诉作者的约束 Zytec 公司内部活动的因素和机制。更直白的说法就是 Zytec 公司的员工告诉作者，他们公司内部管理在实际工作中到底是怎么一回事儿，重要的是什么，能够制约和动员不同职能的是什么。作者用"informants"来指我们通常说的访谈对象。"informants"是民族志研究中专有的说法。这个说法表明了研究者的立场，就是一个社群或组织的成员并不是研究者洞悉这个社群或组织的文化的工具和手段，更不是等着被研究的对象。研究者进入一种文化环境，是为了长见识，"受教育"，对应的英文是"to be informed"。有些研究者甚至把社群成员当成研究中的合作者来看待。对于民族志研究中这些基础理论层面的观点，希望大家了解。为了交流和表达的方便，我们暂且使用常用的说法，讨论中仍然使用"研究对象"，不用信息提供人的说法。从第二段的描述来看，Zytec 公司内部混乱吗？

DS：公司内部结构貌似混乱，有很多虚线的关系，非正式的一些关系网。公司中很多事儿不只涉及两个老板，财务上有交叉。

PL：那第三段表明了什么？就像同学刚讲的，这家企业很成功，虽然乱，但是成功，乱而且成功。前面我们说过，这里面有张力。乱和成功之间有张力。计算机技术刚兴起，一家做计算机周边和软件的高科技公司利润率很高，说明这家公司新产品被市场接受和采纳的概率是很高的。但是，营销职能和营销人员在企业内部却是被边缘化的，这里也有张力，因为传统上都认为营销人善于了解市场需求，在新产品开发中有举足轻重的影响。从组织行为的角度，作为一个职能，营销人一定是不甘于被边缘化的。那营销人是如何争取话语权的？这对高科技企业的营销意味着什么？这对高科技企业的新产品开发意味着什么？以 Zytec 公司作为研究地来洞悉这些问题的研究设计显然是非常符合逻辑的。

大家翻到文章的附录部分。作者具体的研究方法没有写在正文里，而是做了一个附录，标题是"*Overview of Fieldwork Activities*"，提供了对田野调研涉及的具体工作的概览。民族志其实是一种研究的视角，在这个视角下，可以用多种多样的方法收集数据。作者在这个附件里解释了研究数据的来源，一共四种。第一种是什么？

DS：会议，包括各种各样的会面。

PL：详细的信息是他参加过 68 个会议，这些会议平均时长 3 小时。

有一些会议是他常规性地、有规律地参加的。我们说民族志研究中，研究者要对研究对象的生活和文化进行系统性的观察，系统性的参与。像作者这样按部就班地参加，比如，设计评估周会，体现的就是系统性。作者有时被邀请去参加一些特殊的活动，产品介绍会、跟客户开的会、培训、焦点小组访谈。除了系统性，田野调研中，民族志研究者还要根据研究问题，对研究地的活动进行合理的抽样参与。这就是为什么作者参加的特别活动貌似分散，但是都与产品和客户有关。

　　DS：第二个数据来源是访谈。

　　PL：非正式访谈多少个？114个。非正式的交流有多少？100多个，有的可能就10分钟。第三个数据来源是各种内部档案，作者可以在图书馆待着查阅这些档案资料。

　　DS：第四个数据来源是电子邮件。

　　PL：大家从研究设计的角度，想想作者选择这四种数据来源的逻辑。访谈和企业档案作为主要数据来源很常见。那么，各种各样的会议在数据上的贡献是什么？

　　DS：因为开会的时候大家的角色都是很清晰的，如果有冲突也是很显性的。

　　PL：我们说民族志研究者要像研究对象一样生活。开会是职场生活中的重要和常见的内容。作者是不能缺席这种活动的。列席会议，可以观察到研究对象是怎么工作的，观察到他们之间的冲突和争论。先看，了解"是什么"和"怎么样"。然后要更深入地了解"是什么"和"怎么样"，弄清楚"为什么"。这需要获得研究对象的视角，简单说，就是要问。因此，作者做了访谈，分正式访谈和非正式的讨论两种。在正式访谈中，作者问的是决策是怎么被做出来的。研究者在这种时候要保持一种意识，就是研究对象说的和研究对象想的不一定是完全对应的。研究者需要耐心地、细致地、多方面地探索和寻找"为什么"。这里，就借助了非正式讨论，比如作者有的时候就是从某个工位边上走过，停下来和人聊几句。通过这样的非正式交流，作者能为自己的所见所闻建立一个情境，也可以澄清方方面面的问题，尤其是涉及历史渊源、组织政治、人际政治的方面。作为一个"外来人"的很多疑问都是通过这种非正式的闲聊的方式找到答案的。

这里需要澄清一下民族志访谈与平常说的访谈的区别。第一，在这两种方法中，研究者的身份是不一样的。民族志访谈中，研究者通常都是在研究地的文化情境中潜浸一段时间了，一般的访谈，即便是深度访谈，对研究者也没有这样的要求。第二，两种方法的目的不同。民族志访谈是为了从访谈对象的视角了解研究者的所见所闻，从研究对象角度探寻"为什么"和"怎么样"，最终了解研究地的文化。一般的访谈中，研究者着眼的是自己的研究问题和为了回答研究问题而设计的访谈问题。第三，两种方法应用的范畴不同。民族志研究离不开访谈，包括正式的访谈和非正式的、机会性的闲聊，哪怕几分钟的交谈。也要特别强调，闲聊貌似随意，像这篇文章的作者在经过工位时跟人说几句话，实际上这些举动往往是策略性的，比如为了与消息最灵通的人先混个脸熟，为了从外围接近核心的人群等。但是，应用访谈的研究不一定是民族志，民族志研究中标志性的活动是参与式观察。

那么，对企业文档资料的查阅对研究有什么贡献？企业文档资料里有关键事件，有系统性的历史背景。关键事件为什么值得去挖掘？这个研究关注的是市场人员在企业内部为自己所在的职能寻求影响力，其中少不了冲突和博弈，而关键事件往往是这些冲突和博弈集中上演的场合。如果对企业档案中关于一个关键事件的讲述与同相关人士的访谈进行三角验证，研究者能够看到质地更丰富的故事。最后，作者为什么特别指出电子邮件系统是他研究重要的信息来源？这还是与民族志研究提倡的像研究对象一样生活的原则有关。电子邮件系统是研究地 Zytec 公司内部沟通交流中极其重要的方面，因此作者像研究对象一样，把电子邮件系统纳入到自己的调研中。公司员工通过电子邮件交流，他也用电子邮件交流。

最后，大家还记得 Bansal 和 Corley 给质性研究者提出的关于写作的建议吗？他们建议在文章的方法部分，要把"研究旅程"全都写出来，让读者一目了然地看到一个研究在方法设计上的构思、落实和中间调整，以及调整的理由。这篇文章对方法的介绍，包括后面附件部分的进一步说明，就符合呈现研究历程的标准。

2. Borghini, S., Diamond, N., Kozinets, R. V. McGrath, M. A., Muñiz Jr., A. M. & Sherry Jr. J. F. (2009). Why Are Themed Brandstores So Powerful? Retail Brand Ideology at American Girl Place. *Journal of Retailing,* 85(3): 363-375.

导读

如果说主题零售店是一个文化场所，那么在这些场所中购物消费的顾客就是这种文化氛围的体验者和诠释者。这是这篇文章作者的基本假定。从这个基本假定出发，为了揭示主题零售店对消费者强大影响力背后的机制，必然要去探究消费者在这样的零售情境中"徜徉"的过程中，都做了什么，感受到了什么，经历了什么。实现这样的目标，研究者不仅要与消费者同临其境，而且要如影随形地追寻他们的行为，倾听他们的消费体验。

PL：从民族志研究的角度，大家要特别留意方法中的三个方面。首先是数据收集团队的组成。

我们说在田野工作中，研究者的目标是接近和了解研究对象的文化。这篇文章研究的是在充满文化信息的零售场景中，主题零售店如何借助消费者在店内的体验，把美国文化中一些传统的理念联结起来，注入品牌，成为品牌所表达的信仰和价值导向的。拆开来看，一边是美国文化，一边是品牌，把这两边连接起来的是零售体验。那么，在零售中，品牌是什么？在作者看来，品牌就是店里的一件件商品和陈列品、美国娃娃、周边商品、一个个区域，比如图书馆、发廊、咖啡厅，等等。更重要的是，品牌还是这些商品和区域的摆设陈列以及零售店为顾客设计的活动传递出的价值观。对于顾客来说，美国文化和美国历史在他们成长和社会化的环境中无处不在。想象一下，美国女孩中心（American Girls Place）基于美国的文化传统定位了品牌价值观，如果顾客在参与店内活动时，恰好内心被触动了，感受到了与品牌在价值观上的共鸣。这个时候，用作者的说法，这个主题店"意识形态维度上的形象"就建立起来了，落实了，也可以说，在顾客那边被接受了，顾客"懂"了，顾客的感受与品牌的初衷不谋而合。从大的方面而言，顾客的体验和想法在品牌确立起意识形态形象中是关键的一环。

在洞悉顾客的文化体验和情感体验时，尤其是涉及传统文化、传统价值观的体验时，研究者与研究对象在文化上的临近性很重要，直接关系到研究发现的深度和充分性。我们说民族志研究者通过潜浸式的田野工作，能够了解研究地的文化。当研究的内容，像这篇文章，是民族、区域或者地域这种高层次上的文化环境中更为具体的社群文化时，对高层次文化的熟悉就为研究者在试图理解社群文化时提供了可以依靠和利用的资源。从另外一个角度，文化的临近有时候会妨碍研究者的敏感度，反而是不熟悉的眼睛更能保持警醒，在文化成员的想当然中发现张力、冲突、规律等。

这篇文章在研究团队的设计上，研究者六人组合中的成员来自不同国家、不同世代，兼顾男女两个性别，原文的说法是"multinational, multigenerational, bi-gendered"。为什么还要强调世代上的多元？这是跟研究关注的现象的具体特征相匹配的，光顾美国女孩中心的有小女孩，有她们的母亲和祖母。那为什么还要兼顾性别？如果是团队的研究，那么通常的情况是让团队组成与研究地的实际情况尽量一致。光顾主题店的不仅有小女孩的女性亲属，还有其父亲、祖父等。此外，一般来说，访谈中跟情感相关的话题较多的时候，通常会安排与研究对象属于同一性别、同一族群的人进行访问，女性访谈女性，男性访谈男性，华裔访谈华裔，等等。话又说回来，在这种突出一致性的安排中，时刻需要另外一种眼光的审视，避免研究者出于性别或者族群背景的自信，把自己的想法当成研究对象的想法。这是跟团队组成相关的一些考量点。

顾客的店内体验，包括他们做了什么，想了什么，感受到了什么，是研究中的关键。民族志研究讲究像研究对象一样"生活"，跟这个目标相对应的方法是参与式观察。具体到这篇文章，几位作者复制了研究对象所有的逛店方式。这是参与的一面。更重要的是观察，观察零售环境中的设置，观察顾客与品牌的互动，顾客与别人的互动。民族志研究中的观察看似随意，实际应该是系统性的。在田野工作中，研究者可以通过建立例行程序来从形式上实现系统性，结合研究地的动态，把一些活动按部就班地纳入到定时定点的调研中。比如，一个组织有每周一的例会，那么研究者征得对方同意后，就去列席每次例会。数量也对系统性有帮助。在零售场景中，顾客很多元，活动也很多元，而且人的流动性很大。这种时候，研究者要多"看"。文章中提到，作者是对成百上千的消费者进行了观察。系统性观察的结果，是对研究地里"典型"的行为和活动有充分准确的了解。像这篇文章，就包括把握住美国女孩中心这个零售环境中，顾客品牌体验中行动的一面，顾客在店面活动中都做了什么，怎样做的。那么，怎样从内容和实质上实现系统性呢？这就要把观察和非正式交谈巧妙地结合起来，巧妙的意思是尽量不要去干扰研究对象的活动，不打断他们，同时交谈的收获为观察到的行为，旁听到的对话和自言自语等提供充分的注解。文章中作者闲谈过的顾客和其他相关人员，也是数量可观的。

最后说一下民族志研究对文化的捕捉。这里最直观的是影像，拍照片和录影。这篇文章中，有几个正式访谈是在镜头下进行的，这样一方面能够直接呈现出顾客在店面的活动，与研究者之间的问答，又能让顾客讲出自己的品牌体验。这种影像资料，对于这样由多元化的团队参与，研究对象数量巨大，数据的场景性很强的研究来说，是非常必要的。民族志研究者要有很强的笔头功夫，田野调研中要记录大量的笔记。既然记笔记很麻烦，还有时效上的挑战，拍照片和录像在技术上难度很小，又方便快捷，那为什么还强调做田野笔记呢？简单说，研究者在撰写研究笔记的过程中要进行思考和反思，一边调研一边分析和思考，对于立足于了解文化的研究来说，既是手段，也是目的。

3. Arnould, E. J. & Price, L. L. (1993). River Magic: Extraordinary Experience and the Extended Service Encounter. *Journal of Consumer Research,* 20 (June): 24-45.

导读

　　潮流，或者说对某种商品或者某种服务趋之若鹜的追捧，是消费中常见的现象。如果说处于潮流核心的是"美好"的产品和体验，那么流行比较容易理解。可是，有些突然被广泛追随和向往的消费对象，从表面上看，带给消费者的并不是怡人的感受。这是一个值得逼视的"谜"。与上一篇文章的情况类似，解开这个谜，洞悉消费者体验的内容和模式，需要研究者自己成为这样的消费者，亲历消费现场。

　　PL：从问题的提出上看，这篇文章和第一篇文章有相似的地方。第一篇文章的背景是高科技计算机技术企业的兴起，在这样的背景下，了解市场的营销人员在企业内部的影响力被了解技术的工程师大大削弱，那么新型的组织环境中，营销职能的执行模式是怎样的？为什么是这样的？这些新背景下的新问题还没有被研究过，第一篇文章的作者就敏锐地抓住了这些问题。

　　这篇文章在研究问题的选择上也是类似的情况。20 世纪 80 年代末，服务业出现了新的趋势，侧重向顾客提供离奇体验。消费者获得的服务不是享乐型的，像这种野外漂流，弄得浑身都湿了，甚至泡在水里，去的是野外没人涉足的地方，这很离奇。以往研究都认为，服务里决定顾客满意度的是体验与预期的距离，体验比预期好，顾客会满意，体验没有预期好，会不满意。在提供离奇体验的服务中，一方面体验貌似并不美好，很多顾客事先也不太知道在行程中要期待什么。另一方面，很多人乐此不疲，事后对此也是津津乐道，表现出很高的满意度。那么，在这种新型的服务中，是什么决定了顾客的满意度？更进一步讲，所谓的离奇体验，离奇在哪里？有哪些特征？一种新的服务模式，一种新的服务产品，相关场景下的行为和背后的机制，还没有被学术界充分理解。这是典型的学术共识被新的实践模式挑战的情况，其中有值得洞悉的问题需要解决。

研究方法上，作者使用量化和质性手段收集了必需的数据。文章中对具体研究安排和数据分析有可读性很强的总结。这里需要澄清两点。第一，民族志研究中根据研究需要可以应用问卷调查、焦点小组访问等方法进行数据收集。原则仍然是方法服务于研究问题。第二，从调研节奏和内容上看，这篇文章应用的不是严格的民族志方法。但是，参与性观察的应用和侧重，符合民族志研究的精神。大家可以从这篇论文的第二张表中看到作者前两次参与式观察发生的时间点和侧重点。在服务中，作者特别关注的是服务即遇（service encounter），是服务人员与顾客的遭遇，顾客对服务的体验就是在这个遭遇的过程中达成的。具体到一天的野外漂流，向导是带着一队人出游的，这里就既有向导与消费者一对一的互动，又有一种群体的氛围，是在一个群体的氛围里实现的服务体验。无论是一对一的互动，还是群体的动态，想要真正了解，都需要跟着去看，就是在服务交付的过程中，在野外漂流发生的实际场景中，以参与者的身份进行观察。上一篇文章让我们看到，研究者把参与式观察和对观察对象的询问结合起来，才能深入了解研究对象与研究者观察到的行动、反应有关联的想法和感受。在这篇文章中，对研究对象的询问，与研究对象的探寻是紧跟参与式观察的，这些工作允许研究者从服务即遇双方的角度去了解所谓离奇体验的实质。

最后，这篇文章的作者非常重视向读者确立研究的有效性。从这篇论文的第二个表格中可以理出每一步研究与下一步研究之间的关系，比如第一次参与式观察的侧重点除了目睹和记录向导与队员和漂流队集体的互动动态之外，还有一个目的就是为接下来在向导中进行的焦点小组讨论提供更合适的问题，为面向漂流队员的行前和后期问卷调查提供更合适的问题。在漂流路上，亲自看到了向导的工作模式和工作技巧，才能保证在焦点小组访问中不但不会问"外行"的问题，而且提出的问题是有的放矢的。也就是说，研究的现象是真实存在的，收集数据的着眼点也是与向导工作的现实相匹配的，分析中获得的洞察自然也是对作者想要研究的现象的洞察。

第 4 章

网络志研究

| 4.1 什么是网络志研究？ |

网络志研究是在网络社会空间里进行的民族志研究，聚焦在线互动行为和动态的文化特性。网络志研究者需要潜浸在网络研究地中，以便充分了解研究地全方位的文化复杂性。网络志研究的标志是网络田野调查。一些民族志研究者在研究报告的方法部分也会提到他们应用了网络志进行数据收集。这表明研究者认识到在网络交流和网络存在越来越普遍的时代，对文化的洞察需要借助于线下数据和线上数据之间的三角验证。更为重要的是，研究者承认，这种描述研究方法的方式也表明，网络志研究遵循一套独特的、系统的做法和程序，作为方法有其自身的独立性，独立于传统的民族志研究之外。

说一项研究的方法是网络志，意味着研究关注的现象中不仅有网络元素的存在，而且是以这些网络元素为核心的，在研究现象的出现、发展和维护中，网络机制和网络活动占据着举足轻重的地位。与此相适应，网络志研究者一般都投入大量时间和精力在他们聚焦的网络社群或者网络文化中，用以同其他成员互动。在这个过程中，就如同民族志研究者，他们不可避免地成为研究地的一员，成为自己研究的网络现象的一部分。

| 4.2　什么时候用网络志研究？ |

　　首先需要区分两个概念——对网络社群的研究和对社群网络面向的研究。网络社群研究的重点是与网络社群或者网络文化直接相关的某种现象，可能是社群或者文化的某种表现，也可能是社群或者文化的某个成分，比如身份认同、语言习惯及演变、文化模式、关系结构、互动的动态和后果等。比如，我们研究了早期户外发烧友社区中的冲突是如何出现和解决的，以及这些机制和过程对社区存在和发展的影响。这是典型的解读网络社群的研究。

　　对社群网络面向的研究从根本上来说关注的是更普遍的一种社会现象。在当下的技术和文化环境中，依赖社交媒体等信息技术的交流、传播、行为和物件已经成为日常现状的一部分。网络空间里的互动固然对社群成员身份认同的形成和保持有着非常重要的影响，但是这些互动更大的意义在于其内容和模式与更广大范围内的现象、行为、人群、价值导向、信仰等有着紧密的关系。在这种情况下，如果能够对与更宽的构念和更大的问题相关的网络社群展开调查，那么获得的洞见能够加深和丰富研究者的认识，对社群网络面向的解读也就成为研究必然要迈出的一步了。

　　在研究设计阶段，研究者首先需要确定到底是用纯粹的网络志方法，还是把网络志和其他方法结合起来，以及怎样结合起来，比如民族志和网络志在数据中各占多大的比例。为此，研究者需要明确网络空间里的现象是否是其研究的焦点。如果回答是肯定的，那么通过纯粹的网络志方法获得主要数据的设想就是可行的。如果研究者意识到他们的研究内容从网络社群延伸到了更大的真实社会情境中，那么单纯依赖网络志研究就不能对研究关注的现象建立一个完整、深入、细致的认识。综合起来，在设计研究时，需要考虑三个因素。

　　（1）网络行为与面对面的社会场景是紧密联系的，还是关系松散，乃至于彼此独立的？

（2）就行为而言，面对面的观察能够提供更丰富的信息吗？网络中对行为的表述，包括声音和影像资料，是否为回答研究问题提供了足够的数据？

（3）明确识别网络文化成员的年龄、性别等人口统计学特征到底有多重要？捕获的网络呈现与表述是否足够支撑研究者的理论建构？

我们在研究中国城市居民居住审美体验的演变时，就采用了民族志和网络志相结合的研究设计。一方面，由于家居 APP 是居住产品和服务行业中很多相关利益方在虚拟空间的聚居地，我们对符合理论抽样的 APP 展开了网络志研究。另一方面，仅仅对家居应用进行网络志研究并不能揭示居住审美标准是如何被提出、征用和付诸实践的。为了更全面地揭示其中的影响因素与动态机制，我们还与住友、设计师等进行了面对面的访谈，并以参与式观察的方式参加了一系列家居社群的线下活动。

事实上，研究者（Carter, 2005; Lysloff, 2003; Olaniran, 2008; Williams & Copes, 2005）早就指出，所谓线上和线下的分界线已经变得越来越模糊了。在当下的环境中，有效地、有意义地回答传统民族志研究所关注的问题，比如亚文化的本质、组态和融合嬗变、身份认同的内容和建构、人类行为和社会生活背后的价值导向、技术和媒体的影响、社会潮流的根源和转型，等等，研究者不可避免地要把网络环境中的社群和文化纳入到视野中来。民族志研究和网络志研究的结合自然成为一种合理的，也是必然的选择。

4.3　怎样开展网络志研究？

由于在互联网上查找信息的确很方便，网络志貌似做起来很容易。

然而，四处查找散落在网络上的信息并加以分析，充其量只能算是网络内容分析，离严格意义上的网络志研究还有很大一段距离。

网络志研究倚重的是网络田野工作，分析的是研究者通过对网络社群进行参与式观察而获得的数据。收集网络志数据并不等同于简单地把网上信息进行聚类，网络志研究者需要凭借互动、交流，与社群成员建立联系，贴近社群文化，甚至学会如何在这个社群文化中生活和生存。换句话说，网络志研究中研究者应该重视的是建立联结，而这种联结是建立在研究者与整个社群之间，不是研究者与社群的网站之间。只有这样，研究者才有基础为观察到的现象和行为构建情境，研究者对这些现象和行为的解释才有可能是根植于具体文化情境和社会情境的，不只流于泛泛的说明和干巴巴的描述。此外，与民族志研究一致，网络志研究中收集数据和分析数据并不是截然分开的两个独立阶段，研究者既要开展田野调研，也要对获取的数据进行分析，还要以分析中获得的灵感，得出的初步解释，产生的疑问为指引，确定下一步的观察侧重和方向。

4.3.1　如何选择网络研究地？

在回答这个问题前，先要了解网络研究地的独特性，尤其是面对面的互动与在线互动的不同。这允许研究者正确认识网络环境的局限，同时也看到其中前所未有的机会。某种意义上，网络志似乎是民族志研究对网络环境进行适应的产物。事实上，这种适应和调试并不是直观的。有学者（Kozinets，2010）指出，与传统的面对面互动相比，网络空间里的互动有以下四个特点。

（1）互动的本质改变了。从时间跨度上看，同步通信技术支持的互动相比面对面的互动，通常都是大大地拖长了。从内容和逻辑上看，网络互动更显碎片化。在非同步的环境中，互动的文本化和延时化特征变得突出了，网友或者用户甚至可以把沟通变成人为的形式。原因在于，网友能够控制传递哪些信息和怎么传递，从而以更有策略性的方式展示自己。在网络环境中要想与其他社群成员建立亲近感，或者能够信手拈来地参与社群文化分享，网友必须花上大量的时间和精力"耗"在虚拟社群里。此外，为了有效地参与到中意的社群中，初级网友们还必须学习额外的规范和规矩、社群接纳和提倡的情感和情感表达方式，甚至社群专属的用语，以便能够有效地传递有情感温度的信息，从而尽快在社群中建立起真正的社会关系。在网友融入社群的现象中，特别值得网络志研究者关注的是上述技术和语言的习惯演变成社群成员第二天性的机制，包括这种新近养成的第二天性的内容和结构（Cherny，1999）。

（2）互动双方是匿名的。网络环境和技术赋予了社群参与者更大的自由，其中重要的一个方面就是保持匿名的可能性。这意味着社群参与者在自我身份认同的识别和表达上有了更大的操作空间，致使研究者很难把文本资料和人口统计学资料进行匹配。不过，也有学者认为，与能够直接观察到的日常生活和消费活动中的情形相比，网络空间里用户对身份认同的表达更能反映他们真实的自我，更能折射出他们未言说的意图，因此网络志研究的发现会更鲜活，更丰富。

（3）对互动的广泛参与有了技术上的可能性。参与性和包容性是大多数网络环境的主旋律。对这种广泛参与的社群展开研究时，有三点需要特别留意。①除了社群规范和文化，网友获得认可和其地位的提升，与他们在其他社会圈子里的社会地位和文化资本有很大关系。②大的群体在社群性、社交性和友善性上通常不如小的群体。一个大的社群中，会因为成员的自我选择形成很多小圈子，而这些小圈子甚至有可能超越大社群的基础，围绕其他的共性话题展开互动。③在线的互动中，围观和炫耀是同时存在的。网友间的交流混合着公共性和私人性，用户被吸引着从安全区进入到大范围观众的视线下，与此同时，也公开地介入和参与到别人的私人领域中。其中的文化较量、策略和影响值得关注。

（4）互动的自动存档功能。网络沟通的内容很容易被别人看到、记录保存，甚至复制。因此，把用户的选择、留意、学习等行为捕获下来并做成日志并非难事。在非同步通信技术支持的环境中，内容是自动存档的，这就好像把一个群体中每一个公开的社交行为或者社会行为即时录制下来，在需要的时候，其他人能够准确找到某个成员在某个环境中就某个话题具体说了什么。同步通信虽然有私人的一面，但是把互动内容捕获保存下来也很容易。传统民族志研究的数据采集主要依赖研究者的记忆和他们的研究笔记。相比而言，全面地记录和保存完整的社会互动在网络空间似乎是技术的自然产出，网络志研究的确有相对容易开展的一面。

4.3.2 选择网络研究地的原则

网络志研究与民族志研究一样，在方法和实践上有内在的和必需的灵活性，其核心是研究者要在社群成员心目中为自己的在场和参与建立合法性。也就是说，研究者要谨慎地应用学术共同体普遍接受的、有着详细记录的、严谨的方法，逐渐获得研究地成员的信任和接受。

那么到底选择哪个社群作为研究地呢？在做这个决策的时候，研究者需要做如下考量（Kozinets，2010）。首要的指导原则是社群的文化动态和聚拢机制与研究者感兴趣的现象和问题有关、匹配和吻合。其次，适合做研究地的社群里要有丰富的数据可供收集和分析。这要求研究者在研究的初始阶段仔细观察网友或者用户对社群的参与是否多元化，尤其是社群中的互动是否体现了多样性的视角。第三，研究地必须是一个当前活跃的社群，其重要标志是成员间存在经常性的交流。交流需要是互动式的，光有人频繁发帖还不够，还需要有回复、有互动、有讨论。交流的内容需要是实质性的，不能一味"水贴"，或者单纯"点赞"，要体现出社群的文化氛围。

4.3.3 网络志数据

面对庞杂的数据时，网络志研究者通常会基于他们分析数据的方式在两种选择之间做出取舍。如果研究者打算依赖"手工"编码，那么数据量要保持在一个比较小的范围内，一般考虑的上限是以小四号汉字、双倍行距排版的 800 页 A4 纸。这样做可能意味着人为地改变网络社群的边界，也可能让研究的聚焦变窄。比如，虽然社群中有丰富的互动数据，但是研究者只选择对某一类发帖或者围绕某个话题的互动进行分析。

需要特别指出的是，数据的范围并不是研究者在完成所有调研之后再划出来的，而是他们在潜浸于虚拟空间，追溯"存档"的和新近产生的交流记录时，一边阅读，一边筛选而积累起来的。研究者在这个过程中，要以笔记的形式把筛选背后的考量和依据记录下来。

如果研究者打算借助质性分析软件进行编码，4000 页的数据应该是可以处理的。这样研究者就会避免手工编码在工作量上的局限，尤其重要的是研究者不必急于限定研究内容，可以在相对较宽的关注点上做一个相对长时间的探索，避免因过早框定研究问题而错过对社群更本质的洞察。

不论采取哪一种方式，在把网络数据保存下来时，研究者都有两种选择：把数据下载并保存为 Word 文档，或者保存为图片。前者适用于互动产出主要是文本内容的社群，后者适用于数据本身就含有图像资料的情况。对于习惯手工编码的研究者来说，有必要把所有的数据在文字处理软件中聚合成一个大的文档，涵盖图像、文本、超文本数据。文字处理或者质性数据分析软件目前能够读懂的主要是文本数据。在整理保存数据时，有一种尽管耗时，却很直接简单的办法，就是用"复制""粘贴""保存"这三个操作把最想保存的发帖保存下来。为了更全面地捕获虚拟空间的文化组态，可以用爬虫软件把所有数据"爬"下来，但是后面需要大量的时间进行"清洗"。我们在对糖尿病患者院外自我管理的研究中就遇到了这样的情况（刘茜等，2020）。如果对于所研究的社群来说，图像在其成员互动和社群文化中是很重要的元素，那么研究者就需要把数据保存成图像文档，保证最后进行分析的数据和社区中的显示是一样的。

网络志研究主要依赖三类数据：历史档案数据，问出来的数据，观察得到的数据。

1. 历史档案数据

网络志研究中的历史档案数据指那些可以直接从社群成员以往的在线互动和交流中复制下来的数据，对此研究者既没有参与，也没有施加影响。历史档案数据从总体上为研究者洞悉网络社群提供了一个重要的文化基准线。与民族志研究者一样，网络志研究者也需要很强的情景意识。阅读和分析历史数据是他们深入了解一个社群具体的社会和文化情境的主要途径。一旦开始关注某个社群，研究者就要合理安排"跟进"和"追溯"两个应该一并推进的任务。跟进指的是定期访问并且及时地阅读新发帖子。追溯指的是有计划地按照时间顺序或者根据话题，系统地阅读社群以往的帖子。

通常来看，历史档案数据在网络社群中大量地存在着，研究者获取这样的数据不难，也很方便。这种情况的另一面是容易导致研究者手里的信息过剩。社群的话题性和相对开放的参与模式也可能造成信息在短时间内爆发式堆积，冗余的数据有可能变成研究者分析时的负担。应对这些特殊挑战的基本策略就是适时地界定网络研究地的边界。比如，在研究的初始阶段，研究者有必要从保证数据的相关性出发，建立一个历史档案数据的过滤标准，确定哪些历史数据需要保存。在研究的过程中，研究者也要充分运用自身的判断力，恰当地决定需要把哪些数据排除在分析之外。

为了灵活又不失严谨地界定网络数据的边界，研究者可以遵循以下几条原则（Kozinets，2010）：

（1）在数据累积多的话题下，研究者先要识别与研究问题和研究兴趣有关的方面，主要对这些方面的数据进行保存或下载。

（2）数据量小的方面，要将数据全部保存。

（3）研究的初始阶段，研究者要经常性地对研究地的边界界定进行回顾和重新评估，与数据收集策略相互关照。

（4）初次阅读时，要对数据做基本的分类，留待以后重新归类。

（5）手工编码的研究者，或者用解释主义技巧进行研究的研究者，应该积极发挥自身的判断力，集中保存小数据。

（6）要谨慎对待数据挖掘软件，因为使用这样的软件容易冲淡民族志和网络志研究者的文化体验。

民族志研究者一边收集数据，一边分析数据。网络志研究中，为了兼顾收集数据和分析数据，研究者要有更强的自律和能力，对收集到的数码数据进行分类和标注，随时进行调整，识别大类和小类，在数据的存储上形成系统性。除了文字，网络空间里思想和情绪的表达还普遍借助很多视觉和图形元素，以至于用户发帖时使用的字体等都有可能包含很多文化信息。换句话说，像研究地成员一样生活，要求网络志研究者跟踪任何与社群成员有密切关联的表达形式，比如音频、视频、照片、文本、诸如表情包这样的美术创作，等等。因此，研究者可以保存一个基本的文本文档，同时用超文本格式保留一下数据的"原貌"，这样能够更好地服务于研究目标的达成。

2. 问出来的数据

网络志研究中，问出来的数据有两大类。一类是研究者在参与社群互动时获得的数据，比如发帖和由此引发的讨论和交流回复。另一类是访谈数据，与一般性的网络互动不同，研究者在网络志访谈中表现得更为主动。网络志访谈可以通过电子邮件、站内信箱、社交媒体等进行。这两种方式没有绝对的界限，在实际应用中常常是结合在一起的。因机缘巧合，对用户发帖的一个简单回复甚至可能演变成一系列深入的交流，交流的场所也可能从公开的社群空间转移到较为私人的渠道，比如电子邮箱、微信等，得到的数据在质量上达到深度访谈的效果。

最初的联结是决定网络访谈效果的关键。民族志研究中，进入研究地是重要的环节。在网络志研究中，由于虚拟空间的公共性特点，研究者在入场这个环节上要格外谨慎。这里有两点尤其要注意。第一，通过观察，研究者先要对社群的表达习惯、习俗、规矩等有所了解，努力让自己在社群中的提问，与社群成员的发言在方式和气质上保持一致。第二，有些热门的社群可能已经"接待"过一些研究者了。这就要求新的研究者先要仔细浏览查阅历史文档，了解以往的研究者关注什么内容，曾经发布过哪些问题，从而避免以雷同的提问入场。无论如何，发布有水准、跟社群兴趣相关、及时、有趣、引人关注的问题都是比较好的入驻方式。一旦有人对研究者发布的问题做出回应，这就意味着展开交谈的时机出现了。此时，研究者要特别注意把握分寸。虽然接下来的网络交流是一次调研，但是不能让对方有被查问的感觉。

与面对面访谈不同，网络访谈有很多局限，比如数据获取过程和数据本身缺乏情境因素，数据碎片化，较欠缺深度。当研究者需要了解社群成员的自我反思，社群中的文化类别和意义体系时，必须借助，甚至依赖网络访谈。有些研究者习惯用电子邮件进行访谈，把访谈提纲发给网友，一段时间之后，网友再把书面回答发给研究者。即时语音通信工具成为网络访谈中更好的工具。研究者使用视频聊天功能，在与访谈对象交谈时，不仅可以看到访谈对象的表情和身体语言，还可以进行录音，并在需要时借助文字辅助交谈。

无论怎样，跟民族志访谈一样，研究者先是问"大"的问题，让网友意识到自身所处的社会和文化情境，然后再问小一些、具体一些的问题，聚焦到跟研究内容有关的方面上来。这里需要特别强调一点。技术因素为研究者省去了为安排面对面访问而在路途往返和协调时间上所付出的精力，使得网络志访谈成为一种很有吸引力的数据收集方法。然而，要想细致入微地理解一个社群及其成员的生活，理解品牌、社群、社交媒体如何与各种个人层面或者群体层面的社会情境因素交织在一起，造就了独特的在线社会体验，研究者必须对有影响力的社区用户进行深度访谈，不能把交流局限在交换几条即时短信息，或者交换几封电子邮件的层面。

3. 观察得到的数据

观察是网络志研究中重要的调研活动。观察得到的数据其实是需要研究者进行一定程度的反思才形成的数据，通常不与社群分享，记录的是研究者对社群、社群成员、成员间的互动、社群中的意义系统等现象的观察，也包括研究者对自己的观察。

基于上文提到的网络互动和虚拟社群的特性，网络志研究者在进行参与式观察时要谨慎地根据自我考量，选择最恰当的举止和行动，得体又充分地参与到研究地的社群生活中去。就研究问题而言，研究者通常没有必要全身心地参与到社群的一切活动中，或者成为社群领袖，一呼百应。然而，为了深入了解社群文化动态和社会机制的真谛，取得其他成员的信任，获得高质量的数据，研究者不能简单注册一下，然后在社群中长期"隐身"。从形式上，网络志研究者需要以活跃、可见的方式出现在社群中，包括以正常的频率参与社区讨论，回应别人发的帖子，在社区有线下活动的时候，适当出现并参与。从参与深度上，随着了解的加深，研究者要加强自身的存在感，有效的策略是对社群和成员做出贡献，比如可以在线下活动中担任组织者，在社群中分享专家技能，或者承担虚拟空间的维护工作。这些有助于研究者从边缘成员向活跃成员转变，甚至可以提升研究者在社群中的号召力和影响力。

就文化融入而言，研究者在对虚拟社群展开的参与式观察中往往经历以下几个阶段：通过发帖评论慢慢找到脾气秉性相近的同类，通过提问等方式了解社群文化的细节和微妙之处，通过获取反馈了解社群中的规则和必备的相关技能，通过参与活动找到成为社群一员的感觉，通过评价和评议对获得的反馈进行反思，通过担任某个领导角色进一步提升社群相关的社会技能和技术技能。需要指出的是，对虚拟社群进行参与式观察还要求研究者及时追踪社群成员普遍追踪的议题和网络资源，以及其他社群或网站发布的与研究地有关的信息，以便对社群情境建立较为全面的认识。

网络志研究的不是网络上的文本，而是虚拟空间里用户们或者网友们的互动。网络上信息虽多，但只有通过网络志研究，才可以通过谨慎的聚焦、记录和分析，把网络上公开的行为和现象构建和转化成系统的洞见和知识。网络志研究中笔记的撰写可以借鉴民族志研究的做法。就观察笔记，需要特别指出两点。第一，跟互动有关的笔记通常都写在已下载文档的边缘空白处，比如以加批注的形式标出。第二，因为"何时""何地""谁"这类情境问题在网络志的文档数据中都有自动记录，所以研究者在记下自己的印象、直觉、期许、初步分析时要着重关注看到的现象和行为背后的"为什么"。

｜ 4.4　经典文献研读 ｜

这个部分呈现的是本书作者（PL）与学生（DS）就以网络志为主要研究方法的三篇文章的讨论。重点回答的问题是：作者为什么这样构思和撰写文章的方法部分？

1. Kozinets, R. V., de Valck, K., Wojnicki, A. C. & Wilner, S. J. S. (2010). Networked Narratives: Understanding Word-of-Mouth Marketing in Online Communities. *Journal of Marketing,* 74 (March): 71-89.

导读

这篇文章试图回答三个问题：社群对社群导向的口碑营销是怎样反应的？口碑营销中的口碑传播者所采取的传播策略表现出了什么模式？为什么表现出这样的模式？这些问题，尤其是后面两个是质性研究探索的典型问题。一般说来，质性研究着眼于文化来回答这一"为什么"，就是"研究对象为什么以我们洞悉到的方式而不是其他方式思考和行动"这一问题。回到十几年前，关于社群口碑，学术界基于实证研究的了解还非常有限。对于质性研究学者来说，做一个关于网络社群中口碑营销的网络志研究所面临的主要挑战是找到这样的社群，数据质量要高，允许对文化进行充分的探究，数据规模要合适，是文本分析所能驾驭的。这篇文章巧妙地把社群操作化定义为博主和他们的读者所构成的群体。研究发现和结论也充分体现了质性研究在构建更有质感、与实际的复杂性更契合的理论阐释上的优势。除了以往研究识别的个人层面的原因，这篇文章揭示了网络化口碑传播者所面对的商业利益与社群利益之间的张力，也描述了这类网络化口碑传播内嵌在社群规范里的个人化特征。

DS：研究的大的背景是某家公司推出一款带拍照功能的新手机，要对这个新产品进行一轮网络口碑宣传。具体由做口碑营销的第三方公司来操作，就是先按照博客主题和访问量进行排序，通过电话联系了90名博主，把这款手机、配件以及使用教程发给他们，鼓励他们在自己的博客里写写这部手机，但是不做硬性规定。研究者观察不同的博主是怎么样进行口碑传播的，发现他们传播的方式不同。这个与博主本身在网络当中的形象特征、论坛的叙事方式等因素是相关的。博主最终把品牌的定位变成了具有自己独特性的信息传递出来。但是，在这个过程当中有冲突，或者张力。本身营销宣传和论坛的内容二者之间是有一种张力的，这种张力的影响，最后表现为博主采取的不同传播策略。

PL：营销宣传和论坛的内容之间怎么会有张力呢？

DS： 因为这些博主也算营销者，作为营销者，博主要专注在产品上，有一定的功利性，他们的目标是把这个产品宣传出去，乐意多说一些对产品有益的话。而作为博主，他们又有自己博客一直以来的主题，传播目标可能与这个口碑传播的目标不完全一致。文章举了例子，有一个博主是"吐槽"型的，经常评论周围人的穿着、行为，写作上一直用讽刺和"吐槽"的手法。当她肯定这部手机，对这部手机进行一些赞扬的时候，她的读者就会感觉到这篇博客文章的导向和文风不太一样了。

PL： 博客文章跟博主的一贯"人设"不符合了。除了宣传和博客论坛内容之间的张力，在博客营销的语境下，还有一种更大，意义更深远的张力。这个研究之所以有趣，是在于写还是不写，是不是多多美言，这个最终的决定权在博主手里。在这个植入式的口碑营销活动里，公司并没有要求博主必须在他们的博客文章里提这个产品。另一方面，如果能厘清在可以选择的时候，这些博主中谁会在什么时候，以什么样的方式提到这个产品，分享它的优点，甚至推荐这个产品，从而达成公司希望的推广效应，那么就能弄清楚网络口碑的一些规律。这对于营销理论和实践来说都是有价值的，值得去研究。

这里有个重要的概念，社群（community）。当人们，或者以虚拟的形式，或者以实名的形式，围绕一个共同的目标、话题、爱好等聚拢起来，就可以形成一个社群。博主的博客下面可能有好多读者，有些是忠实读者，是"粉丝"。这些读者和博主就形成了他们的社群。在长期的互动中，会形成一些约定俗成的、大家默许的、接受的规矩、规则和习惯，统一叫社群规范（communal norms）。沟通以一种什么样的方式展开和进行，是偏向一些技术相关的内容，还是时尚相关的观点，分享什么，粉丝在下面给出怎样的回复、反馈、提问，交流的氛围是怎样的等，都是有"我们这儿的规矩"的，这是"communal"一词的含义，是社群里大家有共识的规矩。博客带动形成的社群中往往感性的一面很突出，大家访问、留言、参与都不是出于什么利益目的，可能就是因为喜欢博主写的东西，或者喜欢博主的人设，才成为"粉丝"。

那产品，比如这个新款手机是个什么概念？它是个商业概念。当商业的（commercial）碰到社群的（communal），就出现了比较难调和的矛盾。这是更大的张力。如果博主处理不好的话，生硬地讲产品的好话，力推力荐，"粉丝"们可能会感觉很受冒犯，可能被异化，就离开了，也可能发表一些负面的评论，对产品形成负面的印象。这样一来，对做植入式口碑营销的公司和品牌来讲，博主的口碑传播就没意义了。如果博主不提产品，对公司也不好，产品都没出现，口碑营销无从谈起。以上这些张力也好，张力的后果也好，都是可以预见的。作者更进一步，想揭示参与植入式口碑营销的博主们到底用什么样的传播策略来面对这样一种处境。这指向了博主们的切身经历和体验（lived experience）。这是质性研究里的一个关键词。在这篇文章里是什么意思？就是博主如何在貌似两难的情形下拿捏分寸继续沟通和传播的活动。

DS：作者识别的博主的传播策略有四种，就是评估、接受、解释和背书。评估指的是博主发表的跟产品有关的内容主要集中在产品这个焦点上面，就是去评价产品，但是不会频繁提到他们是在参加一个口碑传播活动。接受，就是博主会明确地提到自己是在参加一个口碑营销活动，自己非常乐意参与其中，总之是以一种拥抱的姿态去面对这些。解释，即博主也是直接跟粉丝说自己参加口碑传播活动了，但是他们会把这个合理化，用一些理由去解释为什么参加。比如有一个博主就是走苦情路线，在说到这个口碑传播活动时，明确说这是她必须要去做的，因为她需要这笔钱，等等。"Endorsement"是背书，博主明确地承认自己加入了商业活动，对商业活动与社群的张力不以为意。

PL：那这四个沟通策略有什么共同点？通过应用这四种策略，博主把商业信息变成了什么？变成了文化故事（cultural stories），就是与各自所在的博客"粉丝"社群的社群规范、博主人设等相适应的、"粉丝"小圈子能够接受的讲述。通过这种讲述，博主加固了"粉丝"社群里的社会关系，保持了"粉丝"的好感，避免了"粉丝"异化。接下来讲讲作者是怎么做这个研究的吧。

DS：作者选取了几个有代表性的博主，观察他们博客上面关于这个口碑营销活动的内容是如何更新的，粉丝的评论和反应，以及这些博主又是怎么样去应对评论和反应的。这样，作者就从中找出来博主原本的讲述是什么样的，加入到口碑传播活动之后的传播策略是什么。

PL：作者是怎么解释他们的研究方案是必须的、可靠的、切实可行的？我们在写质性研究文章的时候，在方法部分，每一行话都应该服务于一个目的，就是让读者也确信这样展开研究是一个最好的选择，这个研究方案是最好的方案，为回答这些研究问题，就得这么去获取数据。对方法的表述要有严密的逻辑。

这篇文章先指出研究是在一个自然主义的情境下做的，探索的是"真实的现象"，英文是"the lived phenomenon"。研究者在现象发生的现场，目睹和捕获了现象的出现、发展和变化。然后，文章为读者设定了预期，指出他们研究的是一个新的现象，他们的研究只是对新现象提出一些命题，留待以后做进一步检验。

大的范围来讲，作者研究的是口碑，那么围绕以博客为基础的市场宣传活动收集数据跟这个研究内容有关系吗？对这个研究内容而言够用吗？为此，作者引用了数据，指出企业越来越多地把博客当作口碑营销的"阵地"，50%的互联网用户是有规律地、稳定地阅读博客的，博客是仅次于报纸的可靠信息来源。这表明了什么？这表明按照作者的研究方案在博客论坛进行数据收集和分析，足以揭示口碑营销的机制和规律。数据在理论上是有效的。

具体到这个研究，方法部分还要回答一个问题，这也是质性研究者常被问到的问题：为什么研究选择了在这个口碑营销活动下做研究，而没有选择在别的口碑营销活动下做研究？阐释主义质性研究通常不从代表性的角度，而是从"有效性"的角度回答这样的问题。尽管我们经常出于入场方便的考虑来选择研究地，但是在决定利用一些方便条件时，还是要考量在这个研究地我们是否有机会充分观察和捕获到我们想要研究的现象。

这篇文章的作者介绍了他们的研究所立足的口碑宣传活动：产品植入的博客涉及的都是与生活方式相关的主题，而且达到了一定的访问量。与生活方式相关，增加了像带拍照功能的手机这种新产品被纳入到博主写作范畴的可能性，访问量保证了一定的论坛社群活跃度，有了活跃度，论坛内才有可能出现口碑，形成口碑效应。

接下来要回答为什么对博主和读者组成的论坛所发布的内容进行文本分析。按照第三方组织者的评估，这个口碑营销活动效果很好，博主的参与度很高，而且他们的推荐确实拉动了销售。作者指出，要想更全面地理解口碑效应到底是怎样发生的，单看提及频率，就是博主在博客文章里提及或者推荐了这新产品多少次，是不够的，还得去洞悉论坛里真实的交流状态，在真实的论坛情境中，审视和分析博主的讲述。与这个目标相符合的方法就是网络志。

大家注意一下作者数据采集的时间框——往产品植入的前后各延伸了三个月。为什么要这么做？质性研究中，我们特别强调情境，关注研究现象的情境和背景。一个文化现象，只有放在它发生发展的具体情境里，我们才能抓住它的本质。博客社群和其他很多社群一样，很多方面都是历史性的结果，是一直以来形成的，因此要往前看。围绕植入的产品的口碑传播对社群是否有影响？博主的传播策略从长远看是否是合适的？等等，这些需要沉淀一下，所以要往活动后面看。

作者描述了数据的细节。这些都是做网络志研究时必须介绍的。文章中有这么一句话，"A grounded, metaphorical, and hermeneutic interpretation emerged"。这话什么意思？这话的意思是说，文章的发现是扎根在数据中的，发现依靠的是对博客文本以及论坛读者的回复所做的类似释经的解读，就是对文本多次阅读，在字里行间找寻联系和意义。

大家看这里既没有提到编码，也没有提到数据结构。这种解释主义的手法在营销学科是质性研究普遍使用和接受的思路和方法。

再说一下分析上的一个技巧。我们在做数据分析的时候，往往采用相互对比的方式，对比不同类型的数据，对比不同时期的数据，对比同一类别里面不同来源的数据，等等。有时候，我们把这个过程叫作进行三角验证。在做对比分析时，需要有意识地去留意和寻找数据中那些与当前结论不一致的情形，也就是一些不一致的案例（disconfirming cases）。当前结论指的是研究者在数据分析的各个阶段形成的洞察，看出来的规律，识别出的联系和关系，建构的概念框架，等等。有时候会感觉一个结论很稳定很扎实了。这种情况下更要注意数据中与这个结论有出入、有矛盾的、表明这个结论不成立的部分。质性研究的分析多半都无法规规整整地展开，一轮又一轮，反反复复。其中的一个驱动力就是研究者对不一致案例的好奇心。在不断追问与当前结论无法吻合的数据到底意味着什么的过程中，研究者不断调整、修改、完善他们对看到的现象和捕捉到的行为的解释，一步步形成更严密、与研究内容的实际更契合的理论。

如果解释不了，也没有关系。可以把这些不吻合的数据写出来，讨论一下。对这类数据的留意确实会让建构出来的理论越来越趋向于完善。作者们开会讨论正在做的研究，很多时候要找这种反面的，或者是对当前结论有挑战性的一些数据，然后试图寻找到一个更合理的解释。

这篇文章呈现研究发现的方式也是值得我们借鉴的。文章的数据来自八十多个博客，而分析的结论是博主与读者粉丝的沟通策略不外乎四种。既要对这四种沟通策略进行深度描写，又要界定和解释是什么影响了博主的沟通策略选择。作者把博主和他们的读者看作是一个个文化社群，基于这一点，这篇文章的作者把四个代表性的博主当成了四种沟通策略的典型案例，在写作中集中加以呈现。那么，如何表明这四个博主的情况的确涵盖了关于整个数据组的发现呢？作者用了一个表格，提供了补充数据。从这里，读者能够看到其他没写到的博主的数据支持了作者通过这四个人的案例展现出来的研究发现。在质性研究写作中，尤其是研究发现部分的写作中，有一个原则就是不要把结论直接告诉读者，而要通过展示代表性数据让读者看出结论是怎么得出来的。

我们做过一个慢性病自我管理素养培育的研究（刘茜等，2020）。在写作上，我们就采取了类似的策略。我们用的不是典型案例，而是典型场景。慢性病院外自我管理中的场景中，旅行是一个，妊娠生育哺乳做"糖妈妈"也是一个。这两个场景下的正常生活所要求的健康素养跟其他场景都是相符合的。因此，我们选择通过深度介绍这两个场景的内在话语机制来表述建构的理论视角。

2. Scaraboto, D. & Fischer, E. (2013). Frustrated Fatshionistas: An Institutional Theory Perspective on Consumer Quests for Greater Choice in Mainstream Markets. *Journal of Consumer Research,* 39 (April): 1234-1257.

导读

市场的逻辑中有一条是"有需求，就会有供给"。作者指出，有些需求并不是商家乐意满足的，这些需求最终获得了结构性的解决，是消费者"斗争"的结果。其中，重要的问题是，消费者是怎样斗争的。这篇文章聚焦的就是消费选择。

PL：做参与式观察和民族志研究很微妙的一个维度是什么呢？我们看讲时尚的这篇文章，要研究非主流的人群，往往自己是其中的一员。否则，如果研究者没有穿 XXL 码衣服的切身经历，从理论的角度来讲，他们的观察也很难贴切如实地反映出大码人群的状态，因为研究者不可能真正了解。此外，非主流人群很难接近，一般的研究者根本没有机会进入那样的圈子。质性研究讲究从熟悉的事物和现象入手，也有这样一层意思，即对非主流社群的研究需要由非主流人士来做。做参与性观察，在自然的环境下去了解研究对象。我们说到主位视角和客位视角，学者有很多自己脑子里想出来的东西，那是客位视角。能够带动真知灼见的研究一定是真正深入到研究群体里，从他们的角度去理解他们的存在和生存的。有些领域，比如卫生、养老、护理、教育，当涉及行为干预和政策制定时，是需要倚重参与式观察这样的研究的。

DS：我之前看这个头像也没发现作者属于肥胖一族，可能没有全身的照片。这篇文章主要研究的核心问题是，这些边缘的消费者，如何在主流市场去寻求更大的话语权，如何去实现更大的话语权。

PL：这种话语权具体落实在什么上？

DS：消费者有更多的选择。

PL：那就这篇文章来看，更多的选择说得通俗一点是什么？

DS：身材肥胖的消费者有更多的着装选择。

PL：或者说市场给他们创造追求时尚的机会，让他们也能很容易地买到时尚的衣服。

DS：这篇文章的写作刚开始先是制造这种理论上的冲突。在市场导向的经济体中，如果消费者有足够的意愿去为一种商品支付金钱，那么他们不太可能买不到这样的商品。换句话说，市场不太可能没有供给。但是，被污名化的消费者经常会发现市场机制的失灵。主要表现就是他们的要求得不到满足。作者从以往研究中找到了两个例子。第一个是居住在贫困街区的非裔美国人，他们能够买到想买又买得起的商品的机会越来越少，是一种常态。第二个是土耳其妇女感觉到市场上几乎买不到有品味的面纱。这篇文章主要研究的也是被污名化的群体，就是身材肥胖的人群。作者专门引用了一位博主的话，说大码衣服是一种很稀缺的资源。2010 年前后，博客好像在全世界还是挺流行的。

PL：这篇文章是 2013 年发表出来的。作者统计了几年数据？大概三年。数据统计截至 2010 年 12 月。从研究选题的角度，这篇文章和前一篇讲网络口碑的文章类似。一种新的技术出现了，带来了营销传播和人际沟通方面的变化。这些都意味着营销人和品牌所要面对的新的现实，有机会也有挑战。到底应该怎样理解这些变化？这些变化的本质是什么？对营销实践和消费者的宏观行为有什么样的影响？新技术赋能的传播和沟通有什么特点？运作的机制是什么？等等。这样的选题很有前瞻性，研究是业界急需的，也贡献了及时的理论洞见。这种选题眼光上的敏锐与作者秉持的理论基础有关系。这篇文章从制度主义的视角理解市场，那么研究必然对时尚场域的新进力量保持着观照。

DS：之前的研究发现，当消费者对某一个服务或某一个品牌不满意的时候，他们可以采取一些策略进行应对。但是，当消费者感觉到被主流市场整体边缘化的时候，他们会怎么做以便获得更大的包容呢？对这个问题的研究还是不够的。作者简单回顾了几个可能解释消费者如何带动市场变化的理论。第一个理论是纳入理论；第二个我们读过，就是"市场剧"（marketplace drama）；第三个是平行品味结构理论；第四个是新社会运动理论。作者指出，基于他们的研究问题，他们的研究借鉴的是制度理论。

制度理论中一个核心的概念就是合法性。制度理论中的合法性总共有三种：规制合法性、规范合法性和文化认知合法性。文章还专门强调了制度逻辑和制度创业者的概念。制度创业者是对当前制度安排的一些方面不满，想要改变现状，想要对场域进行改造的人或者群体。作者紧接着从场域的视角介绍了时尚行业、时尚场域。这个场域里有两类存在潜在冲突的核心逻辑：艺术的逻辑和商业的逻辑。

PL：这篇文章试图回答什么问题？

DS：第一个问题是身材肥胖的消费者为什么要增加自己在主流市场的话语权，第二个问题是他们怎么去实现自己在主流市场的话语权。

PL：作者是从哪个理论的角度做的这个研究？

DS：制度理论。

PL：讲课时我们强调，做网络志，分析的单元不是人。这篇文章研究的当然不是"胖子"。那是什么？大的范畴看，可以说研究的是市场的变化。那么，在市场的变化里面，作者关注的又是什么？就像同学说的，作者具体关注的是边缘化的消费者为自己寻找和争取更多的消费选择。寻找也好，争取也好，都是一个过程。

从制度主义的理论立场出发，胖子能够比较容易地买到好看一些的衣服，这不是作者所关心的权益。作者更关心的是制度层面的变化，有了稳定的供给，在店面有了充足的展示空间，等等。那说到制度，就需要把眼光从消费者这里放到更复杂的关系上去，看到什么呢？媒体、供应商、消费者、有影响力的各方力量、各种其他的相关利益方。面对制度环境，这些消费者不可能凭一己之力改变现状。那他们借助了什么？他们借助了其他的社会运动。

从这个角度，大家就会明白作者为什么花了那么多的篇幅去介绍时装行业或者时尚行业（fashion industry）。这是因身材而被边缘化的消费者所处的场域。场域里面有各种各样的参与者。场域里面很重要的因素是制度逻辑。时尚行业中，一个是艺术主导的逻辑，要美；一个是商业主导的逻辑，要赚钱。在两种逻辑指导下，这个场域的实践中，也就是做时装生意时，制造商、设计师、品牌和零售商追求的是利润，还是社会正义（social justice）？被边缘化的消费者想为自身的诉求建立合法性，让自身的需求得到营销人的正向反应。他们要对抗的是时尚行业的制度逻辑。去哪里找可以与之抗衡的说法？他们找到了人权运动下演绎出来的社会正义的逻辑。这种关注点跟常见的营销研究不太一样。

下面说说方法。作者做了多久？怎么做的？

DS：三年。

PL：都做了什么？

DS：刚开始是看"Fatosphere"，一个网上的社群吧。看那些博主写的博客文章，还有关注他们的读者的评论、留言和互动。对发出的文章和评论全都进行了观察和读取。我理解的是作者刚开始只是阅读博客，然后不光是读，还参与到社群的互动当中，她会发布一些问题，或者在线上进行评论。除此之外，还进行了一些访谈，参加了肥胖研究相关的会议。

PL：是的，"肥胖接受运动"的线下活动，作者都要去参加。作者看到有些博主的博客很有影响力，有很忠实的读者。有些博主在自己的博客里建立一些链接，指向其他网站，其他资源。当我们开始做网络志，开始去观察网络上的虚拟社区时，我们要观察什么？当然，我们都希望尽快聚焦到自己研究的内容上，尽快找到关键的数据，落实关键的"人物"和关键的关系。但是，实际的调研通常都是非常消耗精力体力，非常考验耐心和好奇心的，要从宽泛的面一点一点地聚焦，又不能削弱数据的有效性。

作者的观察一开始很宽泛，就是有这么一个社会运动，叫"接受肥胖运动"（the Fat Acceptance Movement）。慢慢了解了以后，发现这个运动的参与者形成了一个在线的社群，叫"Fatosphere"。更重要的是，这些参与者的诉求和兴趣有很大不同。有的侧重抨击瘦身行业，有的侧重质疑公共舆论对肥胖健康风险的夸大，有的侧重呼吁打破大码人士时尚选择上的局限，等等。参与者们依据自己的兴趣结成了各自的小群体。

根据研究问题，作者聚焦在与时装有关的在线行为上，发现在时装这个话题上影响比较大的是博客，基于这个观察再慢慢摸索，锁定为研究贡献了大部分数据的博主。这就是我们说从宽泛的范围逐渐把关注的焦点精细化的意思。

大家还要特别注意其中的一个环节。作者在对网络社群进行参与式观察的过程中，发现了"Fatosphere"社群的动态信息递送。在网络志研究中，类似网站内容汇总、要闻汇总、要闻递送之类的工具的确能够节省研究者很多时间。网络上的信息量是庞大的，处理海量的文本数据对网络志研究来说是巨大的挑战，有时候也是没有必要的。质性研究的重点不是穷尽可能性，而是洞察本质。洞察本质要求研究者采集和抓取关键数据。作者在提到他们的关注点从整个社群转移到社群的动态信息递送上时，解释说社群的核心议题都在这个信息递送中，而且随着这个服务的完善，越来越多以大码时尚为话题的博客被整合进来。翻译过来就是，从这个途径获得的数据切中作者要研究的现象，数据是有效的。

媒体也是时尚行业场域里重要的相关利益方，所以作者还检索了相关媒体的报道。在选择三家报纸时，作者一方面着眼于他们的研究问题，一方面借鉴了相关领域的研究传统。在方法部分，不仅要讲解"怎么做"和"做了什么"，更重要的是要把数据收集背后的"为什么"和逻辑解释清楚。

那么，作者花了这么多篇幅介绍研究方法。从这里，我们看到了什么？我们看到在三年的时间里，研究者不是被动地冷眼旁观，也不是抽离式地搜集资料，而是与研究的社群"混在一起"，对于要解释的现象，研究者俨然成为了一个文化意义上的局内人。做民族志也好，网络志也好，要做的就是跟研究对象"混在一起"，形容这种状态的英文是"immersion"。对于初学者来说，这种方式的挑战更多的是心理上的，感觉效率太低了，心里慌慌的，跟着研究对象参加左一个活动右一个活动，都没有机会问问题。这个时候，先不要着急。耐心地参与，耐心地观察，耐心地去了解，会有一个时刻，你会觉得自己成了他们中的一员。这个过程是有必要的。真的做一个质量特别好的质性研究，不容易。

说到网络志，在观察网络社群时，我们的基本假定是什么？我们的基本假定是发出来的每一个帖子，发帖这个动作是一种社会行动（social action）。简单来说，我们认为社群的参与者、网友、"粉丝"，在发帖的时候，心中是有社群的，是想着社群成员的，比如博主，比如其他"粉丝"。每个帖子既受到社群文化和议题影响，同时也是社群文化和议题的一部分。网络志研究通常认为，参与者在虚拟空间的动作不单单是技术上的操作。哪怕在开源社区里面，把代码传上去的行为都是社会行为，涉及的是社区里的社会关系，表达着社群特定的文化意义。

DS：如果一个网上的社区里有很多"会员"是几乎不发内容，只"潜水"的话，这种状态应该也是这个社群"活动"的一部分吧。那研究这部分"人"，是不是只能通过线下接触建立联系。

PL：这要回到选择网络志研究地时要考虑的标准上。我们要问这个社群当前是不是活跃的，有没有充分的互动，成员间的互动对社群有没有实质贡献。像你说的这种情况，抛开研究地选择是否恰当的问题，假如你想弄清楚这种状态背后的原因，那么你可以在线下的研究中问他们怎么注册了都不说话，也可以试着在线与他们互动。

DS：如果研究的社区没有线下活动呢？全是线上的网友。

PL：在线下的研究包括两个方面，一个是参与社群的线下活动；另一个是研究者把网友约出来，做面对面的访谈等。是否参加线下活动，参加哪些线下活动，我们在决定和选择时要顾及像研究对象一样"生活"的原则。我建议大家要抵制住对效率的追求，别急着安排线下的研究。先花时间真正地去进入你研究的网络社群，不管它是生活方式类的，或者技术导向的，或者产品导向的，你要先了解它，参与一下，成为一个"正常成员"，让研究对象看到你在社群里留下足迹。这会儿才是往下推进的好时机。

第 **5** 章

编码与理论建构

编码对应的英文词是"code"。"code"是名词，又是动词。作为名词的"code"，指的是识别数据本质以及数据之间联系的概念，可以具体一些，也可以很抽象。作为动词的"code"对应的中文是"对数据进行编码"，指研究者在数据和他们对数据的想法之间寻找和建立联结。

关于编码，Charmaz（2006）有一个形象的比喻：给数据编码就是研究者一边一根一根地寻找骨头，一边把这些骨头整理成一副具备完好生理机能的骨架。在这个比喻里，喻体骨头对应的本体就是研究者在编码过程中生成的概念。从认出每一根有用的骨头，到把所有的骨头放到恰当的位置上，起关键作用的是研究者对骨头的本质的判断，包括某根骨头对应的生理机能、它与其他骨头的相对关系、骨骼所属的物种，等等。这期间，研究者一方面依靠经验做出判定和识别，一方面要借助不断的尝试和摸索对临时的、相对确定的想法做出检验。当然，实际的编码过程比组装骨架要复杂得多。

在质性研究中，尤其是阐释主义质性研究中并没有现成的分析模板，对数据进行编码更多的是一项特异性很强的工作，研究者本身的学术敏感度、思维上的洞察力和文字运用上的创造力都对编码过程起着至关重要的塑造作用。虽然用"一千个人眼中有一千个哈姆雷特"这种说法来形容质性研究编码的复杂性有些夸张，但是的确没有所谓唯一完美正确的质性数据分析方法，也没有对数据唯一完美正确的诠释。因此，这一章仅对与编码有关的一些基本规则做出介绍，具体应用还需初学者在实践中不断地积累经验。

5.1 什么是对数据进行编码？

对数据进行编码是研究者用概念来识别出数据中对于回答研究问题最重要、最有意义的那些部分（Belk et al.，2013）。扎根理论研究主张研究者进行编码时，尤其是在初始编码阶段，要让头脑处于一张白纸的状态。开放的视角对于层递式的理论建构固然重要，研究者在编码过程中真正要保持的不是不被自身知识结构和学术背景所干扰的结果，而是对学科社会化对学术议题和学术实践的影响的意识。

研究者通常使用词语、短语、短句等来命名编码过程中生成的概念。关于这样的概念和其指向的数据之间的关系也有一个很贴切的类比。Saldana（2009）指出，就如同名字通常能够很传神地捕捉到一本书或者一部电影的主题和精髓，质性研究中研究者选择或者创造出来的编码也应该是能够一语点破数据本质，准确抓住数据根本属性的概念。虽然对数据进行编码的过程无法采取精准的科学步骤，但是一系列诠释性的分析和洞见的表述的确需要依赖精准的措辞。有人说，编码的秘密在于特殊形式的写作。研究者就眼前的数据不断对自己发问，再把自己的回答凝练成一个词语、短语或者短句，以此抓住一段数据并明确，相对于更具普遍性的问题，其反映的到底"是怎么一回事儿"。

那么，质性研究中的分析指的是什么呢？用 Bernard（2006）的说法，分析是识别和捕获数据反映出的"模式"，同时寻找和建构一种说法来解释这些模式为何存在。质性研究关注的现象往往发生和存在于社会环境和情境中，比如文化实践，特殊经历，各种即遇、角色、社会和人际关系，群体和圈子，组织，亚文化和生活方式等。总体来说，质性分析指向的模式通常是关于这些情境的意义和意义系统、情感和情绪、等级和权力关系等三个方面中的一个（Saldana，2009）。此外，编码识别的模式也可能是社会情境参与者的能动性与情境中的结构和流程的相互作用，以及其成因和后果（Lofland，2006）。换句话说，记录各种社会情境中社会生活的意义、情感、等级分层等方面现象的数据都是质性编码的对象。

编码不是简单地给数据贴描述性的标签，也不是对数据进行总结。编码的核心是发现和诠释数据之间的联结。在一些研究中，研究者用图示来展示编码的过程和结果（如图 5-1 所示）。这里需要澄清类别、主题、理论的意涵。类别基于初始编码而产生，在内涵上逐渐超越数据的具体性和多元性，识别的是数据的"情况"，直白的说法就是一段数据代表了哪一类"东西"。如果说类别描述的是数据显性的方面，那么主题描述的就是数据更微妙一些、更隐性的方面。主题的产生和确立是对类别加以合并和折叠，并不断对此进行分析性反思的结果。有些研究者在呈现数据结构时选择的措辞是概念，而不是主题。其实主题和概念标识的都是数据更深层次的方面，只是概念是更普遍性的、更抽象的构念，表述上更简练，大多使用一个词语。而理论的提出和建构主要取决于研究者洞悉、阐释和展示主题/概念如何以系统性的方式彼此联结联系在一起的能力。

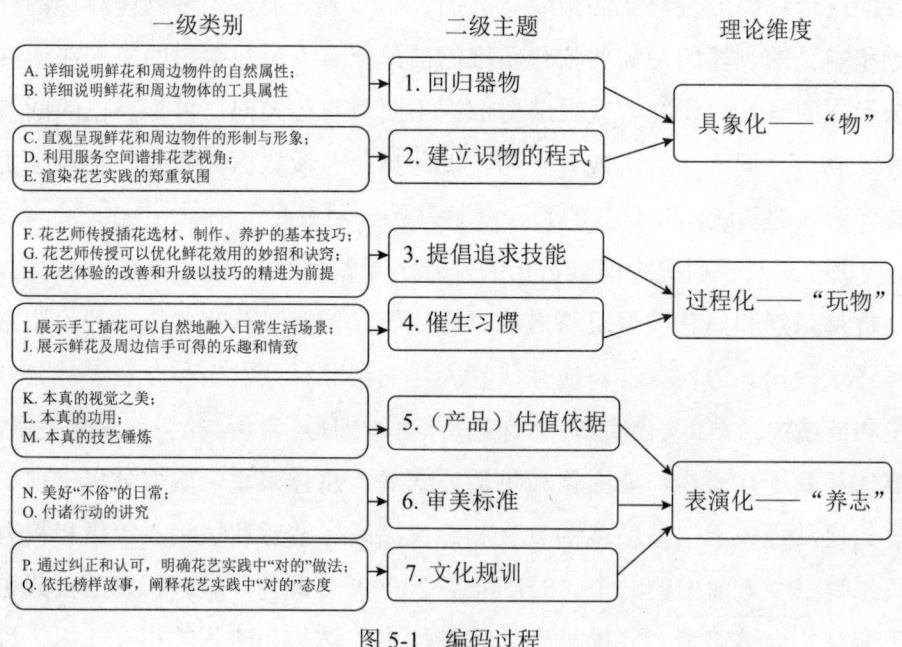

图 5-1　编码过程

在图 5-1 所示的研究中，对开放式编码（也叫初始编码）的结果进行折叠和调整，识别出 17 个类别。比如，我们发现 F 公司的微信营销话语中的一个明显话题是对鲜花和周边物件的自然属性的详细说明，在更深刻一点的层次上，我们认为这意味着营销话语引导用户去关注作为器物的产品。考虑到企业界在营销传播实践中对产品和品牌象征意义、功能属性等的着力渲染，我们在表述这个主题时特意用"回归"传递出 F 公司营销话语相对于业界惯常做法的独特之处。更进一步，在梳理二级主题之间的联系时，我们发现在更本质的层次上 F 公司试图通过营销话语重塑用户对消费活动的认识，同时推动用户把新的认识在日常消费中付诸实践。我们用"玩物养志"来表述这个机制的精髓，并构建出"具象化""过程化""表演化"三个层次。"回归器物"和"建立识物的程式"两个主题构成了用户教育第一层次的抽象过程，我们命名为"具象化"，对应"玩物养志"理论框架中的"物"。

需要指出的是，实际的编码和分析并非如图 5-1 所示的这样有清晰整齐的结构，而是充满了大量复杂、凌乱的工作，尤其是初始阶段。不过，在反反复复、迭代循环的分析中，慢慢看出数据相互联系的模式，也正是质性编码的乐趣所在。

5.2　对数据进行编码

研究者通过编码（coding）来界定数据所记录和捕捉到的现象的本质，并以选择编码（code）的形式来建构和表述自己的诠释。给数据编码是一项以周期循环的方式迭代进行的工作。虽然质性编码基本排除纯粹的线性思维模式，但是在每一轮循环中，研究者的分析思考大致都会经历三个阶段（Boyatzis，1998）：

（1）看到重要的、有价值的数据；

（2）看出（数据捕捉到的）是怎么回事儿；

（3）诠释为什么（会有这回事儿）或者（发生了这回事儿会）怎么样。

质性研究中分析导向的编码通常分两个周期进行。第一个周期中大量的工作围绕初始编码进行，第二个周期侧重集中编码和理论编码。初始编码也叫开放性编码，研究者借助初始编码/开放性编码"看到"和"看出"。理论编码也叫选择性编码。集中编码和理论编码达成的是对"诠释"的建构。

5.2.1　第一个编码周期

第一个编码周期中的重头任务是开放性编码。开放式编码并非一种特定的编码方法，而是一种工作模式。简单说，在开放性编码过程中，研究者要以开放的眼光对待数据。在具体分析中，根据需要可以应用原文编码、描述性编码、价值导向编码等技巧。在开放性编码之前，研究者可以通过属性编码和结构性编码对数据做出处理，以方便后续的处理。

属性编码出现在一份数据的最前面，没有分析的成分，纯粹是对数据内容的描述。比如下面的这个例子。

数据形式：深度访谈（1/12）

访谈对象：刘女士

年龄：46 岁

职业：外资企业高管

家庭成员：夫妇 2 人 + 学龄儿童 1 人

住房条件：第二套房

时间：2019 年 5 月 12 日

地点：访谈对象家里

在标记数据属性时具体包括哪些项目，与研究内容有关系。上面的例子是取自我们对日常家居理念实践的研究，像职业、家庭成员组合、住房条件都是重要的情境因素，需要在属性编码中特别标出。此外，属性编码表明，对刘女士的访谈是 12 个访谈中的第一个。

结构性编码也是分析含量低的一种编码方法，适用于结构性和半结构性访谈数据。主要是基于研究问题中的小问题，或者相关话题，把相应原始数据汇聚在一起。这样，就可以逐个话题进行进一步的编码分析，既方便对单个话题进行深入分析，又允许对话题进行比较。此外，通过结构性编码，研究者有机会以数据来源为单位确定某个类别或者主题出现或者被提及的频率，进而洞悉普遍性的和个别性的体验。

启动了开放式编码后，研究者所做的工作基本就是把数据分成一个个片段，仔细审视，相互比较，以发现数据捕获的各种意义上的"社会生活"中的共性和差异。这个阶段的编码很多都是临时的，随着分析的推进，很有可能改变措辞，因此有经验的研究者在开放式编码过程中，都刻意保持着很快的阅读速度。当然，如何在"快过"数据时保证"看到"，是有一些技巧的。下文会专门谈到。研究者在开放性编码中需要遵循的总原则是对数据所预示的所有可能的理论方向保持开放的立场。在具体执行中，需要做到以下三点：

首先，研究者要包容所有的可能性，不要考虑一个想法或者类别最终是否会被使用，一个类别是否还有其他相关的数据支持，或者某几个类别和想法怎么拟合在一起。在用初始编码标识相关元素时，也不要急于把某些数据排除在外。只要数据捕捉到了对于研究对象有重要意义的事件和体验，就要用编码识别出来。如果说开放式编码为研究者提供一个起点，让研究者通过这个过程获得一些分析的线索，在下一个编码周期进一步探索，那么不过早地对编码想法做出限定，有利于研究者抓住研究现象独特的方面，避免研究流于常规化。

其次，开放式编码不是给数据片段贴上标签，然后把相匹配的数据收集到一个类别里。研究者提出和使用类别的着眼点不是把数据分类，而是通过命名来分辨识别一段文本、一个观察，或者一个图像在概念上的重要性。在开放式编码中用概念去思考和分析的好处是允许研究者对手头数据的质量做出判断。质量的第一层意思是已有的数据是否足够支持研究者回答研究问题。如果结论是否定的，那么研究者就要反思数据收集的方式是否需要调整，是否需要寻找其他的数据来源，甚至调整整个调研方案。这对研究进程的推进至关重要。质量的第二层意思是已有的数据是否足够丰富和深入。类似理论抽样中的情形，对原始数据做概念性的审视能够及时地提醒研究者去搜集更多的数据，以展开对某个正在呈递出的理论构想的进一步探索。

最后，开放式编码中，研究者要侧重识别和触摸数据中的类别和主题。在这个阶段的分析中，研究者需要克制不去对"看到"和"看出"的过程、行动、情绪等形成具体的因果解释。

为了以上述开放性的方式处理数据，有经验的研究者常用的一个技巧就是在开放式编码中不停地对自己提问。如果编码的数据是田野笔记，根据 Emerson 等（1995）建议，研究者在头脑中要时刻想着以下几个问题：

（1）这些人在做什么？他们其实是想实现什么目标？

（2）为此，他们怎么做的？用了什么策略？

（3）这些人以及其他成员都是怎样谈论、形容、理解正在发生的事情的？

（4）他们基本的假定是什么？

（5）在我看来，这里正在发生的到底是怎么一回事儿？我从这些笔记中了解到了什么？

（6）（这条笔记记录的）正在发生的事儿与其他事件有什么不同？又有什么相同的地方？

（7）（这条笔记记录的）这个事件更大的重要性和意义是什么？从本质上来说，它是关于什么的一个实例？

（8）我为什么把这一条记到了笔记里？

（9）阅读笔记时，是什么触动，甚至"击中"了我？

如果研究的内容是过程，那么研究者在对观察笔记和深度访谈对象的讲述进行初始编码时，可以考虑应用 Charmaz（2006）建议的问题来保持思考和分析的开放性：

（1）这到底是个什么过程？我怎样界定它？

（2）这个过程怎么发展的？

（3）作为牵扯到这个过程中的人，研究对象是怎样行动的？

（4）牵扯到这个过程中，研究对象关于自己的想法和感受都吐露了什么？我观察到的行为反映了什么？

（5）这个过程是什么时候发生变化的？具体怎样变化的？有什么背景因素和力量在起作用？

（6）这个过程造成了什么影响？有什么后果？

质性研究中有两种情形常常遭到质疑。一是研究者只对学术议程关心的方面展开研究，却忽视了研究对象真正关注什么。二是研究者对数据的编码与具体社会情境脱离。而上面这些问题非常有助于研究者了解研究对象是怎样理解和体验研究地发生的事件的，包括他们认为什么是重要的，他们是怎样描述、认识、评估自己和其他人的处境与活动的。举例来说，在撰写田野笔记时，研究者通常都是把认为有价值的、重要的现象以书面记录的形式抓下来，那么追问一下"我为什么把这一条记到了笔记里"这个问题，很可能激发研究者进一步去思考："身处其中的研究对象也像我这样认为吗？"

在编码的过程中，不断用这些问题来提示自己，研究者才可以对研究对象在日常生活和行动中常态的顾虑、现实难题和条件上的限制保持很高的敏感度，从而避免前面说到的质性研究的两种不足。扎根理论研究更是强调忠于数据，把从讲述和观察到的行为中识别研究对象采取的具体行动和一系列行动展开的顺序明确作为开放式编码的起点。如果不执行这样的原则，作为一个不熟悉研究地日常的外来者，研究者的注意力会很容易从研究对象下意识秉持的意义系统和做出的行动上掠过去，导致整个研究从一开始就被局外人的眼光所驱动，数据编码和分析中留给研究对象视角的空间微乎其微。

事实上，无论研究的是哪个层次上的社会文化现象，质性研究者要留意和关注的首要内容必须是日常活动，包括平常的活动，自然开展的行为，被视为当然的惯例。对数据的分析和识别数据的概念固然要从具体不断走向抽象，但是研究者不能通过主动在数据中寻找戏剧性的或者特别的例证来实现对具体情境的超越。研究要做的是在开放式编码中，不断追问不同的数据片段中记录的事件和体验有什么异同，是怎样联系在一起的，这样不断地比较，才能基于数据中的相应元素识别出内涵更宽的类别，描述出高级类别的特征或者维度，构建出更具普遍性的主题和理论维度。

上文提到，通过开放式编码，研究者试图实现"看到"的目标。有经验的研究者在浏览数据时，很容易发觉自己正在读到有价值的数据片段。这样的时刻就是"编码的时机"（Boyatzis，1998）。初学者由于经验不足，往往不容易把握编码的时机，导致在数据面前不知所措，无从下手。Belk 等（2013）给出了一些窍门，帮助研究者识别需要编码的数据，避免错过数据中那些有趣的、可能值得进一步深挖的内容。

（1）注意比喻。比喻能帮助研究者了解和确定研究对象是如何解读自身面对的"现实"的。

（2）找寻研究对象强烈情感的迹象。这些迹象是非常直截了当的线索，让研究者了解对于生产了数据（访谈、图像、声音、留言）的人来说，什么是重要的。

（3）注意那些似乎是从其他的情境下引进正在被研究的情境的说法。这种引进和输入的情形可能指向跨情境的话语，这些话语对研究对象如何理解情境起到结构化的作用。

（4）识别在研究聚焦的情境里那些举足轻重的行动者的类别。这样做有助于识别其他类别的行动者，进而识别他们之间可能存在的相互依存的模式，或者他们之间的冲突的诱因。

（5）注意研究对象采取或者考虑采取的行动。这样做除了能够帮助研究者了解研究对象惯常如何解决问题，还可以提示研究者去留意不常见或者被认为"不合法"的行动。

（6）考虑研究对象生产数据的动机。

（7）探究研究中的矛盾或者相互抵触的地方。这种相互抵触可能是在数据和研究者在研究开始前形成的假设之间，也可能是在数据之间。这个时候，研究者可能就要开始考虑还需要什么数据才能弄明白矛盾是怎样产生的，为什么会有当前的局面。

此外，有经验的研究者在整理数据时，都会顺手在文档的空白处写下头脑中涌现出来的词语。这些词语都不必很准确，只是一些后续分析可能会用到的想法。除了用词语和短语标识有价值的数据，另外一种常用的抓住编码时机的做法是把质感特别丰富，表述特别打眼的数据片段挑出来，具体方法就是标为高亮、加下划线、改变字体颜色等。这些素材都可以作为证据或者举例，出现在最后的研究报告中。

开放式编码有两种形式，一种是逐行编码，一种是大块编码。大块编码就是对大段数据做粗线条的识别和界定。大块编码允许研究者抓住一个现象的本质。但是，如果研究者在做粗线条编码时没有借助理论性和概念性的词语或者短语，只是停留在对数据内容的概括上，那么分析就会流于肤浅。初学的研究者有时候会遇到一些"诱惑"。有的研究对象在访谈中倾向于使用一些非常普遍性的词汇对讲述进行总结，或者作为开篇讲述的提示。如果以这些词汇作为编码，虽然貌似站在了研究对象的角度，但是借助这样的措辞，研究者实际上并没有揭示出对应数据片段中研究对象的所思、所感、所为。假如研究对象使用的某个通用词的确非常重要，那么研究者要忠于数据，对这个通用词进行限定，才能真正做到让编码从数据中层递出来，反映研究对象的视角。

逐行编码就是以细密的方式对每一行数据中的元素、类别，甚至主题进行识别和定义，尤其适用于对深度访谈数据的分析。虽然转录出的文本不是每一行都包涵一个完整的句子或者表达一个完整的意思，但是逐行阅读会让一些在大块阅读中从研究者注意力中溜走的想法明确涌现出来。这也是为什么研究者在收集数据阶段，对研究地中的人、行动、交互、场景等都要仔细观察，并尽可能地以生动顺畅的文字加以记录的原因。通过逐行编码，研究者除了再次明确地听到研究对象说了什么，再次看到研究对象做了什么，还有可能进一步捕捉到他们潜在的顾虑和疑问，以及没有说出口的需求和下意识遵循的基本假定。研究者也有可能在审视数据记录下来的社会性行动时，意识到已有数据中的缺口和漏洞，对接下来的调研方案和内容做出相应调整。如果与上文谈到的提问技巧相结合，逐行编码非常有助于研究者在分析中保持一种"批判"的眼光。研究者不直接去评判研究对象的态度或者行为，而是借助对自己不断发问，有意识地关注研究对象对自身处境的解读，进而从研究对象当前表述的想法和观点中跳脱出来，在理解研究对象说话和思考的出发点的同时，也看到对于研究内容和学术议题来说重要的过程和行动。当然，如果编码过于细密，那么在第二个周期对初始编码进行聚合、折叠和调整时，研究者面对的头绪就可能太多，过多的看似互不相干的想法、主题、笔记容易让初学者一时不知所措。

阐释主义研究强调扎根于数据和反映当事人的视角。实际编码工作中常出现的情况是通过编码和分析所界定出的过程、行动、意义和信仰等与研究对象的看法和说法似乎并不一致。这个时候，关键是要认识到保持开放性意味着研究者要认可自己的观察和见解也是很重要的。忠于数据并不是说研究者的想法要跟镜中成像一样，完全反射镜子前面的数据。编码的本质是研究者对资料和数据进行分析，分析的结果可能对研究对象自认为"正确"的理解形成挑战。由于数据来源的局限，研究地的意义系统和行为模式可能还没有完全呈现出来。另一方面，研究者还要明确一点，就是他们对研究现象的洞察往往是受到自身固有看法和知识结构的影响的。因此，如果用学科现成的术语进行编码，那么研究者要有意识地主动去选择与数据最吻合的术语，而不是自动地出于专业习惯使用这些术语。

下面介绍三种在开放式编码中广泛应用的方法：描述性编码、原文编码、价值观编码。

描述性编码是对一段质性数据涉及的基本话题的概括。话题指的不是内容本身，而是一段访谈讲述了什么，一段日记记录了什么，一段文本讨论了什么。描述性编码是编码工作的基础，在自然主义研究中尤其有其应用价值。比如，民族志研究者关心的是弄明白"研究地正在发生的事情到底是怎么回事儿"，并解释清楚"我的研究是关于什么的"。描述性编码是回答这类问题的起点，也是为读者还原和建构情境，辅助读者看到研究者看到的现象，听到研究者听到的声音的重要方法（Wolcott，1994）。

原文编码也叫主位编码、字面编码、自然编码，指使用研究对象的用语进行编码。本土或者"坊间"用语反映了一个文化、亚文化、微观文化群体中文化类别的存在。在扎根理论研究和试图优先让研究对象发声的研究中，这种编码方法占据着重要地位。通过原文编码，能够看出研究者有没有抓住数据中有重要意义的那些部分。为了更好地抓住编码时机，初学者可以留意数据中以下三类元素，以便进行适时的原文编码：

（1）研究地成员都理解的通用词，这类词汇往往代表着高度凝练，同时又很重要的意义。

（2）某个研究对象非常有创意的用语，这类创意通常都能传神地抓住意义或者经验的本质。

（3）一个群体特有的很简练的表述，这类表达方式可以直观地反映出他们独特的视角。

价值观编码的对象是质性数据中能反映研究对象价值导向、态度、信仰的部分。阐释主义质性研究中，这三方面与心理学概念在内涵上有所不同。简单说，价值导向指的是人们赋予自身、他人、物品、事物、想法等的重要性。态度是人们思考和感觉自身、他人、事物、想法的方式。信仰体现在人们赋予事物的价值上，是态度、个人的知识、经历、观点、偏见、品行以及其他对社会环境的诠释性看法等构成的体系的一部分。价值导向编码适用于分析记录文化价值导向，或者研究对象在自我和人际方面的体验与行动的数据。对访谈数据和自然主义的观察笔记同时进行价值导向编码，可以大大提高研究的可靠性。原因在于，研究对象自我声称的价值观、态度和信念往往与研究者观察到的情形并不一致。

5.2.2　第二个编码周期

在分析的第二周期，集中编码和理论编码是主要的方法。

有个形象的比喻（Saldana，2011）：你买了一张需要自己组装的桌子。组装说明告诉你先把包装里的东西拿出来，比如螺栓、螺母、垫圈、桌子腿、桌子面，再准备好必需的工具，比如扳手、螺丝刀。组装说明建议你先"点货"，以确定组装桌子所需的所有零部件都在，再把所有的零部件都在地板上按一定的顺序排列好。

这些零部件就相当于第一个周期编码的结果，把这些部件按照类别有序地摆在地板上，准备好工具，组装的过程就是第二周期的编码工作，其目的就是让所有这些部件都组合到一起。但是，质性研究的第二周期编码与组装桌子又有着本质的不同，后者是个具体的有明确指令可以遵循的过程。而质性研究中，研究者具有，而且必须具有主观发挥和诠释的空间，也就是说研究者的洞察力和创造力是关键，二者从根本上决定了能否对数据获得新的、独到的见解。

第二个周期的编码相对更有挑战性，要求研究者具备分类、确定优先级、整合、综合、抽象、概念化思考、理论建构等方面的能力和技巧。如果研究者在第一个周期里，能对数据的把握达到了如指掌的程度，那么过渡到第二个编码周期就很容易。在这个周期里，除了第一周期确定的编码，研究者还有编码笔记这个"批判性分析探索"的工具和方法可以使用。这个周期的编码是为了对数据建立一种分类的、主题化、概念化和理论化的组织的感觉。这个周期要做的就是把第一个周期的编码和相关的数据进行重新组织和安置，最后确立一个更小、更有选择性的编码池，这个池子里的类别、主题和概念更宽泛、更抽象。

集中编码中研究者寻找最常出现的或者最重要的初始编码，以便建立数据中最突出的类别，然后对大量的数据进行"筛选"。研究者此时需要决定哪些初始编码最有分析上的感觉，最能够一针见血地、完整地为数据归类（Charmaz，2006）。如果研究者建构的编码和这些编码建立的类别能够把研究对象的生活和体验具体化、明确化，那么就可以初步确定现阶段的研究结果与经验世界是吻合的。集中编码一般发生在研究者通过初始编码，比较明确地建立了分析方向的时候。此外，集中编码的初期，也是检测选出的重要编码是否适当，以及研究者对研究问题的预先想法是否站得住脚的最佳时机。通过集中编码，研究者在访谈和观察数据间挪移，比较研究对象的经历、采取的行动和对自身处境的阐释。此时，研究者选择的编码起到凝练和压缩数据的作用，为进一步分析提供一个个抓手。有一点要注意，在集中编码阶段，研究者要围绕着第一周期的编码结果展开思考，而不是被动地阅读数据。研究者要做的是通过比较数据来确立集中编码，再通过把数据和这些编码作比较，进一步完善这些编码。

在集中编码中，研究者基于识别的有兴趣做进一步探讨的话题，对数据进行逐行的精细的分析。第二个阶段中，研究者使用数量较少的、有潜力的想法和类别为最后的报告提供主要话题和主题。质性研究中，研究者的分析遍布在各个阶段的工作中，包括参与式观察、撰写田野笔记、编码、建构明确的理论命题等，因此质性研究中的分析有归纳和演绎两种。一个形象的比喻就是：一个木匠交替尝试门的不同形状，然后再改变门套的形状，以便让二者更好地匹配（Baldamus，1972）。Emerson 等（1995）建议研究者在着手以分析为目的阅读田野笔记时，要把自己当成一个陌生人，或者干脆就认为这些笔记是一个陌生人写的，然后一边读这些笔记，一边不断问自己："这位陌生人写下来的是怎么回事儿？""到底发生了什么事儿？"

集中编码出于两个考虑。第一，优先考虑那些已经收集了大量数据的话题，尤其是反映了研究地重复发生的或者潜在的行为模式的话题。第二，对研究对象来说貌似重要的话题，他们认为关键的东西，从务实的角度貌似重要的东西，占用他们大量时间和精力的东西。这里有个误区，其实不是某个话题含有很多数据，而是研究者的诠释让大量数据跟某些话题建立了联系。

集中编码往往意味着建构和进一步详细阐述对于分析来说比较有趣的话题。研究者可以把以前貌似互不相干的数据联系起来，也可以勾画出反映一个大的话题下的差异及不同的子主题和子话题。通过不断比较，研究者识别在一些维度上一致，在另外一些维度上又有差异的事件，从而构建对比或者同一特征的不同表现。此时，研究者就要问自己，某个事件到底怎么不同，进而去识别这种不同出现的条件。通过集中编码，研究者可以开始设想对研究对象生活的某些方面提出理论观点或者构建故事的各种可能的方式。从第一个编码周期开始的分析过程，大致可以概括为以下步骤：细读数据，开放式编码，写编码笔记，集中编码，写综合笔记。很多研究者都是在撰写综合编码笔记时开始深入思考如何讲故事的。在综合笔记中，研究者着手去阐明为了让那些对研究地不熟悉的读者理解关于研究地的观点和结论，自己需要提供哪些背景信息和情境资料。研究者还要决定让哪个主题成为主要焦点。这些工作要求研究者从分析的细节中抽离出来，思考一个更高层次的议题：我的研究试图回应的更大的、更具包容性的问题是什么？

理论编码就像一把伞，覆盖所有其他的编码和类别。用 Strauss 和 Corbin（1998）的话来说，理论编码就是把编码和分析工作的所有结果都凝聚成几个词语，而这几个词语解释了"这个研究从本质上是关于什么的"。在理论编码的过程中，所有的类别和次类别都是与这个中心类别系统地联系在一起。而理论编码的呈现，可以是长长的叙述，也可以是一系列命题。如果说编码是组成一幅骨架的骨头，那么这个理论编码就是脊柱。Strauss（1987）指出，持续细致的周期性编码是研究者不断让这个骨架长肉的过程。理论编码是明确类别之间可能的关系的过程，逐渐把分析引向理论的方向。

理论编码是集中编码之后在一个更复杂的级别上的编码。理论编码的重点就是试图确定集中编码过程中建构的编码之间可能的关系。Glaser（1998）认为理论编码让主轴编码变得没有必要。理论编码是整合性的，帮助研究者讲出一个分析性的、有逻辑性的故事。因此，理论编码过程不仅要概念化地展示实质性的编码之间是怎样联系在一起的，还要自然地把研究推向一个理论的方向。扎根理论研究中，Glaser（1998）提出了 18 个理论编码的大类，他也指出，过于依赖这些概念进行理论编码，研究者容易曲解研究对象的想法。事实上，这些编码的大类也不可能穷尽社会生活的方方面面。研究者在分析的过程中，时刻都要保持警醒，审视任何一个属于大类的编码是否阐释了所有数据。此外，初学者倾向于用线性或者环形的示意图来呈现自己的理论框架，虽然画图等直观方式有助于观点的提炼和表达，但是研究者还是要明确在阐释主义视角下，社会性互动很少遵循线性，或者完美的环形路径。

| 5.3　编码笔记 |

　　好的研究固然与好的方法有关，但是更重要的还是好的思考。在编码过程中，研究者可以通过撰写分析笔记来记录和保持思考。Clarke（2005）把编码笔记比喻成研究者就数据与自己保持对谈的场所。从这个意义上来说，一个编码不单是用来表述数据本质的重要词语，还是对触动研究者选择这些词语的那些更深层次更复杂的思考的提示。这样的思考可能是稍纵即逝的。因此，几乎所有的研究者都认为，与编码和数据分析有关的想法只要在头脑中一出现，就要马上停下手里的工作，把这些想法写成分析笔记。值得指出的是编码中的分析笔记与田野笔记是有区别的。田野笔记是关于参与性观察的，记录的是研究者个人和主观意义上对遭遇的社会化行动的反应和阐释。当然，田野笔记中也会有关于编码和类别选择等问题的评论和洞见，这些需要被当作分析笔记单独导出，作为分析数据时的重要素材和支持。

| 5.4　编码练习① |

　　以下是从我们的研究中选取的一段原始数据。我们对这段数据做了开放式编码。

---

① 这部分的写作目的是分享研究者个人（笔者）工作记录，试图为读者提供一个具体的例子，告诉读者编码笔记到底怎么写，写什么。研究者在写编码笔记的时候，有很大的临时性、松散性，有些记录的内容就是对自己的提问。这个部分笔者希望做"原生态"的呈现，表明编码的过程绝对不是线性的严密推理。

数据形式：深度访谈（1/12）

访谈对象：林女士

年龄：45 岁

职业：大学教师

家庭成员：夫妇 2 人＋学龄儿童 1 人

住房条件：130 平方米，第二套自购房

时间：2019 年 4 月 26 日

地点：访谈对象家里

林女士：我好长时间没到这里来了。

研究者：这上面可以装好多东西。这是啥呀？

林女士：这是宝宝的，对，宝宝的，这是他的柜子，那是窗帘，没挂。刚给他做的床垫，让你们看看。

研究者：他给我们介绍过他这个床。有一回。

林女士：谁呀？

研究者：宝宝。

林女士：他什么时候给你介绍过？

研究者：有一回咱们上课，他头晕那次。因为我们是跟在外面，他跟我说他那个床是怎么样怎么样。

林女士：他那么外向啊？但是这块我觉得有点高了，因为这样的话，它再低一点，其实也装不了那么多东西。他哪有那么多东西装。我觉得这样的话，可以屋子里不用有一个地方放柜子。他睡那个 1 米 2 的床，然后挤两人，我想如果要是放一个大宽床，然后再放一个衣柜就没有放不下了。这地方可能会那种小白书架放一个在他的房间。

研究者：这个颜色很好看。

林女士：墙的颜色他自己挑的，我觉得有点深。但是他，然后给他买了一个那种就是可以声控的那种灯，还没装呢。小米的。

研究者：您先带我们转转，然后您就可以介绍介绍。

林女士：这个是我比较不满意的一个地方，这个抽屉，抽屉太高了，不好看，就是这个比例不合适，如果它再窄一点就挺好的，比如装点什么袜子什么，丝巾之类的可以给它分开装，但是这个弄得不好看，就是它要是不框这个框都是白的，然后再窄一点就挺好。就这个板子，上面还是胡桃木色的，然后下面都是白的就好了。可能跟设计师也没沟通好。不过拿来我一看，我觉得，这是洗手间的一个镜子。

以上是从我们的研究中截取的一段数据，是转录出的深度访谈的第一页。最上面的部分是属性编码，方便我们在打开文档时就一目了然地知道数据的概况。数据形式（1/12）的意思是这是 12 个深度访谈中的第一个。

访谈对象林女士和我们很熟悉，她的新房子刚装修好，家人还没有入住。她带我们去新家参观，接受我们的访问。审视这段数据的时候，我们意识到的第一个编码时机是"他那么外向啊？"。这是林女士得知儿子跟别人谈论过自己房间时的反应。我们记起（在田野笔记中）当时林女士在说这句时，是带着惊喜的语气的。评价孩子性格外向，在给访谈人介绍新家的语境下，似乎是毫不相干的动作。我们认为这是一个值得标记的数据段，里面有**情绪**，具体说是喜悦的，我们从这里看到的是林女士在装修和布置家居环境时对其他家庭成员的感受或者评价的在意。

接下来，我们留意到了"但是这块我觉得有点高了""这个是我比较不满意的一个地方""如果再宽一点，这个地方再长一点"。我们用不满意来做标记。这三个不满意互相比较，就会发现第一个是对**功能性**的不满意，第二个是对**风格**的不满意，第三个是**空间资源**的不满意。我们顺手把"装不了那么多东西""不好看""能有个空间"也标识出来。我们注意到林女士在解释第二个不满意之处时，提到"这可能跟设计师也没有沟通好"，我们看到家居环境中设计师的影响。

对比这三个"不满意"，我们还发现面对空间资源上的局限，林女士采取的行动是改变其他资源，具体就是买一个床头柜。空间是资源，家具也是资源。

在进行访谈前，我们已经对中国家居设计和装修行业做了一些资料上的整理。我们注意到了林女士的用语"胡桃木色"。我们不确定这是不是反映了设计术语进驻日常生活。读到"比如装点儿袜子，丝巾之类的可以给它分开装"，我们感觉这也是一个突出的元素，林女士似乎早就想好了家具和家里日后空间如何使用，我们做的临时标记是强调收纳储物的条理性。

以下是编码笔记：

Code：对其他家庭成员的在意

家是共同生活的地方。林女士选择的家具，孩子喜欢，妈妈欣慰。这里面有没有在家庭关系和谐与审美偏好之间的 trade-off（妥协）？有冲突或者争执的时候怎么办？

Code：强调收纳条理

访谈对象在一开始介绍的时候，就特别明确地说出了对一个飘窗柜各个空间的具体使用，可见对她来说，居住空间的条理性很重要。在民居中通常都设计成电视墙的地方，她家是定制的一个一面墙的柜子，连电视机都是藏在柜子里的。我们联想到她再其他场合闲聊时，特别强调家里得不积灰好收拾，擦灰时，最好一把就可以迅速地"胡噜"干净。那么，这是不是反映了她对家务劳动的态度，就是强调效率。家具被当成一种提高家务劳动愉悦度的资源。那么，定位成可以改变家务劳动的电器呢？

访谈对象把家具选择与家务劳动效率联系起来的做法和消费文化中主导"收纳"风潮的话语似乎有所不同。后者更看重的是对美好生活的想象和对消费欲望的"断舍离"。不过，收纳风离商业和消费并不遥远。

以往，人们说"归置东西"好像没那么讲究，比如可以用一个旧的鞋盒子装零碎物件儿。而收纳还得强调美，说收纳是一门艺术，所以得买专门的、漂亮的、搭配得体的盒子，比如"伦敦式收纳盒"。

Code：对家居环境初始的不满意

不满意是一个重点。

这里识别了三种不满意，对功能，对风格，对资源。在分析其他数据时，要在不同的访谈对象间做相互比较，看还有没有其他方面的不满意。

更重要的是，要去了解他们是如何面对这些不满意或者遗憾的，是凑合，创造性地利用，接受，纠正，甚至投诉设计师？

室内装修设计师是家居环境初始塑造中有影响的一个stakeholder（相关利益方），那么有不满意的地方，客户会投诉吗？他们之间沟通的动态机制是怎样的？访谈时，林女士跟我们说过，当时选设计师时，设计师得知孩子8岁时，主动指出装修时要考虑孩子15岁之前房间要怎么样，之后要怎么样。林女士说她觉得设计师很专业，有"成长的眼光"。成长的眼光难道不是设计师应该有的素养吗？当消费者不懂，信息不对称时，会觉得设计师对他们的需求做了个性化的满足。事实上，所谓的个性化，都是标准化的处理。专业化的一面就是标准化。每个时代的家居环境都是趋同的，都是当时流行的。

访谈对象在后面谈到原来的住房比新家大很多。我们可以看到林女士感觉到了空间对生活是有限制的。在接下来的研究中，比如等她入住以后，我们要观察和关注她和家人是怎么面对空间的使用和分配的，是否会出现家庭中有一个人主导把某个区域定义成干什么的这样的情况。大的问题就是：在新的居住空间，如何养成"新"的生活方式？在新的空间中真正开始生活实践以后，家居美学理念是怎么生根发芽的？比如生活以后才感觉到收纳真的很好。或者被实践成一种有个人色彩的hybrid（混合模式）？

从编码笔记上可以看到几点：第一，这些编码有不确定的一面，很多是研究者在阅读时头脑中一时涌现的想法。这些想法有些很发散，但都要记下来。第二，编码是很短的几个字。这几个字要表达的意思，以及研究者在编码时的考量，都用文字详细记录下来了。这样后续分析时，才能看清楚逻辑，有助于取舍、折叠和调整。第三，编码的过程是思维很活跃的过程，一方面在眼前数据和其他数据之间不断地进行比较和联想，另一方面，对研究关心的大的问题和方向要保持意识。

5.5 理论建构

如果说编码是对数据的分析，那么发现和阐释编码之间的联系，对关注的现象形成洞见，对研究问题做出系统性的回答，这些工作在本质上就是理论建构。直白地讲，质性研究语境下的理论建构指的是研究者对研究问题形成一个"说法"。这个"说法"是基于数据的，并且应用了概念或者抽象的说明，对现象中有趣的、重要的方面所做出的一环扣一环的阐述。前面讲编码时，我们强调一定要对数据做一个很系统的分析。讲数据采集时，我们强调调研要以一个系统的方式展开。与此一脉相承，理论建构是系统性地表达对现象、行为、文化等的洞察。

分析数据时，研究者努力地寻找其中的规律和模式。做理论建构的时候，研究者侧重追问：识别出来的规律和模式到底意味着什么？除了可遇不可求的瞬间顿悟，研究者可以从以下三种方式入手进行理论建构。关于这三种方式，Belk 等（2013）结合以往的营销领域研究，进行了较为详细的说明，我们在此只做简单的介绍。

第一，借助编码，找到数据中的不同，对不同的根源做出诠释，构建一个关于不同的理论。编码标识的是数据捕捉到的现象的本质。不同的意思是说，研究对象在这个本质上表现出差异。那么，研究者就要去探究表现一致的研究对象，比如有同样的认识、持同样的观点、做出同样的选择，等等，是否可以按照某种标准进行分类。人口统计特征比较容易提示研究对象的分类，有些时候识别的差异也的确与人口统计特征意义上的分类相对应。但是，在出于理论建构的需要解释这些差异时，研究者要进一步洞悉人口统计特征背后的文化和社会特征，为识别的差异进行更深层次的溯源。前面我们研读过关于欲望的研究，由于欲望有丰富的内涵，有些方面，比如对他者的欲望，在特定文化中有着很强的道德意味，因此身处保守的社会环境和身处个人主义占主导的社会环境中的消费者对欲望才有不同的表达和体验。在解释这种不同时，要深究国别（代表旧世界的土耳其和代表新世界的美国）深处的价值观的差异。在构建关于不同的理论时，研究者尝试对研究对象进行分类的标准一定是对研究问题有意义的。有些重要的不同表现在对来源不同的数据的编码上，比如对研究对象讲述的编码和对研究地档案资料的编码之间存在着很大差异。这个时候，研究者要做的不是确认哪一个版本是更接近所谓的真实情况的，而是要了解形成这种差异的深层原因。

第二，考量编码的关系，识别高级编码之间的联系，对现象做出更有质地的描述，构建关于过程的理论，或者构建关于条件和结果的理论。高级编码之间的联系大致有三种。首先，编码代表了一个构念的不同方面，或者一个现象的不同组成要素。其次，编码代表着一个过程中的步骤或者阶段。最后，编码构成研究关注的现象出现和存在的条件，或者是研究关注的现象所造成的影响和后果。

对于学术研究来说，单单把一个构念的维度和组成元素界定清楚还远远不够，研究者需要突破纯描述性的发现，做更深层次的探究。这个时候，可以尝试问自己这样的问题：这些维度在各种场景中表现得都是均衡的吗？还是某些维度在某些时候更突出？一个维度具体在什么情境中更重要？为什么？

如果编码提示一连串事件指向一个结局，那么可以尝试建构过程理论。研究者把这些事件发生的时间顺序厘清，识别出相应的阶段、步骤、时期。这里的关键是洞悉事件的本质，并以此为依据划分出一个过程的不同阶段。也就是说，处于不同阶段的事件在本质上和类别上一定是不同的。这种以事件性质为导向的建构过程理论的方法允许研究者通过对比和比较，看到在不同的阶段到底是怎样不同的条件导致了各个阶段内的动态机制的不同。

需要特别指出的是，质性研究，尤其是阐释主义质性研究中说到的条件通常指的是一种现象出现的社会和文化意义上的条件，说到的结果指的是特定情境下的人们，在这些社会文化条件下所采取的行动和做出的反应。这意味着，阐释主义一派研究者虽然信奉社会文化处境对人类思想和行为的塑造和激发作用，但是他们并不认为人类行为可以被完美地、完全地预测。在阐释条件和结果时，质性研究不太关心外在条件的具体数量，而是把关注的重点放在捕捉和理解情境中细致微妙之处上，侧重洞悉其中的反馈机制，尤其是双向的、非线性的反馈机制，包括人们的反身性和主观能动性。

我们在做旗袍店研究时就尝试去弄明白：当平台允许从技术上给店铺做各种各样的装修，允许店铺很精准地触达每一个客户的时候，为什么"卢旺达的鱼"这家店的店主兼设计师坚持每次上新都不厌其烦地写许多文字，呈现本人的形象和喜好，展示她的生活，跟新产品一起挂出来？后来她本人也印证过，她说不能没有这个东西。我们的研究表明，这样做的结果之一就是这家店在面对那些模仿者的过程中，虽然营销资源和工具非常有限，但是凭借设计师的这种讲述却形成了品牌独有的核心竞争优势。这就是条件和结果在阐释主义质性研究中的具体所指。

第三，借鉴和应用一般性理论或者宏大理论，从创新性的角度对现象获得新的理论洞见。一般性理论或者宏大理论指的是成熟的理论，有完善的成体系的概念，有独特的看待事物的视角和分析问题的逻辑，适用于研究广大范围内的社会、文化、政治、经济等现象。研究中有现有文献的提法，需要注意的是现有文献和这里说的现有（宏大）理论是两个层次上的知识，前者更多的是学者们在类似和相关研究问题上所做过的研究，在把文献等同于期刊论文的做法里更是如此，查阅文献的收获主要是了解同行都做了什么，怎么做的，有什么发现和结论。一般性理论通常都是通过著述来表述，因此，对现有理论的深入了解需要我们抛开应用这些理论的实证研究，而回到对理论原始表述的研读中去。

这里说的借鉴现有理论进行研究，其实是一种通过在现有理论与实证材料之间建立融合来推进理论建构的方式。研究者需要从宏大理论的主要概念和逻辑出发，对数据捕获到的现象进行审视和诠释。研究者可能发现数据呈现出来的模式、机制、动态、过程等对这个理论的基本视角做了延伸或者挑战。宏大理论带来的灵感和启发也可能让研究者对一种已经被充分研究过的话题从新的角度建构了新的认识。此外，研究者还可以应用宏大理论来识别和解释一种新出现的现象的本质和机理，洞察其影响。我们（刘茜等，2020）对糖尿病患者通过 APP 进行自我管理的研究就借鉴了布迪厄关于实践和惯习的理论，揭示了能够有效培育高质量用户的企业营销话语的内在机制和特点。布迪厄对于实践和惯习的阐述就属于一般性理论，不仅有力地解释了社会阶层的形成，阶层差距的维持，而且涉及了社会、教育、文化、艺术等方方面面的问题。对于质性研究来说，这样的理论起到的作用在于为研究者提供了一种看问题的角度，一种思考的方向，激发研究者在面对各种现象和话题时，对其中特定方面和内容的敏感。

前面指出过，在质性研究的语境下，理论构建大致上指的是对所关注的现象中的规律和模式形成一套系统性的说法。最后的理论是什么——对现象做出怎样的解释，应用或者提出了哪些概念，表述了怎样的逻辑，取决于三方面因素：研究问题，研究所在的大的领域的研究现状，研究者所立足的研究传统。研究问题为编码和阐释提供了聚焦，学术共同体的研究现状是研究者通过编码和理论建构所要加入的学术对话，为研究者提供了基本的用语和思考的基准，而研究传统直接决定了研究者的思想气质、学术关切和研究选题上的着眼点。

有三个研究流派与本书关注的质性研究关系较为密切：现象学传统、阐释学传统、新实证主义传统。现象学传统关注的是研究对象的亲身体验，在数据收集阶段是研究对象内心导向的，比如访谈中，重点是研究对象讲述他们自己的感受和体验，分析数据的过程中试图形成的是对研究对象内心世界的描述。阐释学传统关注的是外部环境，尤其是其中的社会的、文化的、科技的等方面的舆论导向和逻辑对研究对象的影响，包括对他们体验、决策和采取的行动策略的影响。阐释学研究把研究对象放在一个复杂的、充满社会文化资源和局限的环境中，善于揭示研究对象思想和行动背后的驱动力量。新实证主义传统关注的是对现象背后的原因和现象导致的后果进行的识别和解释，擅长提出理论命题供后续研究检验。很多建构过程理论的研究属于新实证主义流派的。可见，这三个研究传统在学术关切范畴上的区别决定了研究问题提出阶段和数据收集阶段，研究者着眼点选择上的不同，也决定了研究发现形成阶段，分析阐释的重点不同，以及研究成果呈现形式的差异。

质性研究的理论建构围绕着高级编码展开。但是事实上，研究者很难把编码工作，包括形成高级编码的分析和思考，与对数据的理论阐释截然分开。正是出于这个原因，人类学家所倡导的从普遍性的社会/文化主题入手开始细看数据的方法，非常值得管理和营销领域的质性研究者借鉴。Spradley（1979）给出了以下七个普遍性社会文化主题：

（1）社会冲突：在每个社会情境中，人与人之间都会产生冲突。在社群、机构、企业中，社会冲突可能通过不同意见表现出来，也可能以更隐性的方式存在。在群体的文化机制中，可以看到对利益格局的维护和对资源分配的平衡。在细看数据时，研究者要对研究地的社会冲突保持警醒，对当事人面对冲突、解决冲突的方式和尝试保持警醒。Spradley 指出，通过留意社会冲突，也可以体验到研究对象日常所要承担的风险。

（2）文化矛盾：大多数社会情境中都存在着自相矛盾的方面。比如，表面形象和真实情况之间的不一致，对外的宣传和成员的亲身体验之间的不一致，说的和做的不一致。作为研究者，重要的不是发现和揭穿这些自相矛盾的地方，而是观察和了解当事人是怎样实现与这些文化上的悖论和平共处的，甚至当一些当事人不能直接面对这种自相矛盾时，他们会转向哪些机制和动用哪些资源，实现暂时的相安无事。

（3）非正式的社会控制手法：几乎每个群体都有维护秩序的需要，有的是通过法律法规，有的是通过成文的规章制度。更值得关注的不是这些正式的规定和官方的方式，而是那种非正式的办法和手法，比如价值观和规范。原因在于，正式的机制虽然普遍存在，但是在控制社群成员行为，让他们服从，从而使社群活动得以顺利进行方面，正式的措施所能发挥的作用还是有局限的。前面"网络志研究"一章讲过一个网络口碑营销的研究，提到过社群规范对博主的口碑传播策略、粉丝的参与、双方的互动模式和内容都有着深刻影响。这种影响，一定程度上可以理解为博客社群的非正式控制机制。博客社群里并没有明确规定广告推广性质的内容不能发布和分享，但是社群约定俗成的默契却把博客空间商业化的程度保持在一个合适的水平。除了社群层面，在每个社会情境中，人际关系中，采用非正式的手法达到有效地控制别人做什么、说什么的情况都是广泛存在的，值得留意和研究。

（4）对非私人关系的管理：研究者常常提及人际关系、社交关系、社会性关系。然而，在很多场景中，突出的关系是发生在人与物品、设施、商品、品牌之间的。比如红酒发烧友在私下的场合里品酒的工艺、酒龄、口味。他们与作为品类的红酒，与红酒品牌之间，显然不是一种人际关系，但也不是一种纯粹客观的关系。再比如，在工作中有大量接触不认识的人的必要，在服务行业中有"商务友谊"的现象。

（5）地位的获取和保持：社群通常都有表明地位和声望的标志和符号。有些标志比较直接，比如金钱。有些就比较微妙，比如在疼痛中很隐忍，在压力下很冷静。无论哪一种符号，都是社群成员努力去争取并希望保有的资源。研究者可以从厘清身份等级体系入手去认识社群的文化。这种研究策略在营销领域对品牌社群的研究中得到了普遍应用，以此为起点衍生了许多对深层次问题的探索，比如社群成员在污名化的市场舆论漩涡中是如何确立并维护身份认同的。

（6）解决问题：文化是解决问题的工具。从这个观念出发，社群成员的文化知识都是用来解决问题的。这里有非常重要的一点需要特别留意，值得进一步追问，那就是到底由谁来界定什么是合法的问题？谁有这种权威？有权威的一方为什么要这样界定问题？"网络志研究"一章讲过有关家居品味养成的研究。"家居理疗"平台依托简约现代家居潮流告诉用户室内环境营造中哪些做法和理念是"不对"的，比如在居家环境里，凌乱和没有条理就是一个需要处理的问题（为什么不可以凌乱？对当事人来说，可能是乱中自有秩序呢）。更值得玩味的是，平台慢慢教会了用户怎么来解决这些"新"的问题。

第 **6** 章

质性研究的写作

　　质性研究的写作在形式上有很多种，这一章讨论的是以期刊发表为目标的学术论文的写作。应用质性方法的学术研究的主要目的是揭示现象背后的"为什么"和"怎么样"，并与学术共同体进行分享。为此，在写作中，研究者需要保持"读者"意识，落实到最后产出的文本上，直白地讲，就是"有料"又有趣。

　　"有料"指的是内容，就是在编码和分析的过程中建构的诠释和洞察。"有料"也与读者的印象和评价有关，这就涉及作者在分享研究时，能否首先建立一个有助于与读者进行对话的基础，而这个基础的重心就是作者在行文中展示出来的对相关文献的解读和评论。习惯上，这些内容叫作文献回顾，是文章中紧跟引言的部分。文献回顾的目的是为研究确立学术坐标，进而预示这个研究会在哪些领域做出贡献。为此，作者在构思和写作时的着眼点应该是整合，而不是总结——总结是概括和罗列，整合是要看到以往研究的本质和它们之间的联系，进而看到文献中的空白。单单有研究现象上的"新"还不够，研究的贡献需要体现在以下几个方面：

　　（1）提出了新的理论；

　　（2）延伸了现有的理论；

　　（3）呈现了现有理论的例外；

　　（4）对现有理论做了创新性的应用。

　　这四个方面的共同点就是研究的发现意味着更深刻、更丰富、更有说服力的知识被创造出来了。其中的核心不是印证了读者当前的认识，而是揭示出研究现象的本质是与读者当前的认识相悖或相互补充的。

| 6.1　引言的写作 |

　　说到有趣，很多学者用讲故事来比喻学术写作的理想境界。对于质性研究来讲，以讲故事的视角来构思最后的文本更是有助于读者看到研究价值的诀窍。如果前期工作扎实，研究者可以分享给读者丰富的素材，这是质性写作有意思的一面。然而，考虑到与之展开对话的是学术共同体，作者必须要从理论的角度审视和使用这些素材。在 Locke 和 Golden-Biddle（1997）看来，这意味着在文本的开篇，也就是习惯上称为"引言"的部分，作者就要把一个"理论化的故事线"（theorized storyline）呈现给读者。

　　理论化的故事线——通过采用相关文献中那些与作者的田野调研体验相一致的思想，对为了把田野工作与学术世界联系起来而布局的故事情节的阐述。故事情节的布局通常有三个要素：首先设定张力，再让张力进一步升级并向前发展，最后张力得到解决。对于质性研究而言，作者通过识别现有文献中的空白、矛盾、不足等设定张力，通过把自己的研究定位成为了释放这些张力而付出的努力和采取的行动，以推动情节发展，通过呈现改变学术共同体认识的研究发现表明张力的释放，比如填补空白、澄清矛盾、弥补不足等。Locke 和 Golden-Biddle 认为，每一篇质性研究论文都是一个非虚构类的短篇故事，指出作者可以围绕以下四个方面构思引言，在引言中早早设置研究的理论化故事线：

　　（1）阐述研究的重要意义；

　　（2）澄清研究相对于当前文献的位置；

（3）点出当前文献中的缺陷，为研究打开其所作贡献的空间；

（4）预示研究是如何应对文献中的缺陷的。

围绕以上四点构思出的引言不仅能够清晰界定出研究对于学术共同体来说所具有的现实意义，也明确设定了考量研究的学术重要性的标准，引导读者以此为依据审视研究发现，可谓一箭双雕。

为了阐述研究的重要意义，作者可以先提示研究涉及的具体背景，再把研究定位为普遍存在的、管理和营销等大的学科里非常本质的现象，然后具体提及从业人员或消费者在现实中面对的困难和复杂局面。

在澄清研究相对于当前文献所处的位置时，作者要积极主动地选择和评述，努力从文献里读出与研究相关的内容。作者可以考虑以下几种思路来让文献"为我所用"。第一，侧重挖掘文献之间的一致性。第二，把以往认为不相关的文献整合在一起，突出从新的角度进行研究的必要性。第三，把公认理论上和方法上有相关性的文献整合起来，表明在一个充分发展、非常集中的领域里，知识不断地积累，共同体已经达成共识，指出当前的研究是非常符合逻辑的下一步。第四，挖掘文献反映出来的学者之间的不同意见，突出学者们在问题和现象的重要性上已经达成共识，但是关于现象和问题得出的结论是有分歧的。

按照上述方式对文献进行解读后，作者就可以明确点出当前文献中的不足，比如，不完整，尚有重要的方面没有被深入研究；不充分，一些重要的方面被忽视了；不适用，现有文献的结论是错误的，被误导的，不准确的，需要从另外一个比当前文献所提出和倡导的更好的思路展开研究。

以上三个步骤自然就向读者预示了研究是聚焦在文献中的哪种不足上，是怎样试图弥补这种不足的。这个时候，作者要简明扼要地表述研究的内容、方法和成果。

｜ 6.2　文献回顾的写作 ｜

　　在讨论写作之前，有两点要特别明确。首先，在质性研究中，文献查阅并不是一项可以一次性完成的工作。具体要从哪种理论视角对聚焦的现象展开研究，借鉴哪种理论或者概念对数据进行分析，通常都是在数据收集的过程中慢慢摸索出来的。Belk 等（2013）用了一个形象的词来形容这种情形——"逆风转向"。原来的研究计划进行不下去了，或者预设的调研重点与现实中的关键内容或者环节是错位的，这时候需要调整方向，包括数据收集的方向和文献查阅的方向。因此，最后写出来的文献回顾与实际的文献查阅并不是严格对照在一起的，写进文献回顾的研究都是与后面的分析和阐释有直接的、紧密的关系的，而不是关于一个宽泛的题目的所有文献。

　　其次，虽然相当多的质性研究立足于建构新的理论，但是为了有效分享获得的洞见，研究者还是要通过查阅和评述文献的形式加入到学术共同体关于同一理论话题的对话中来的。其实，很多所谓新的理论的提出并不完全是前无古人后无来者的横空出世。且不说大多数研究要么是延伸了原来的理论，要么是揭示了原来理论忽略的例外，要么是把原来的理论应用到一个新的情境下（Belk et al. 2013），即便是那些颠覆性的理论也基本是比照着"旧"的理论认识提出的，与"旧"的理论锚定在相同或者类似的话题上。读者需要借助文献回顾看到并理解一个研究的贡献。

　　文献回顾要体现作者对相关研究的批判性解读和评价，而不是罗列和汇总。为此，作者要看到研究的本质，也要注意文献的完整性。事实上，这两个方面是相互联系的。对营销和管理问题的质性研究经常在社会学理论中寻找灵感，文化研究也经常为有关消费的质性研究提供借鉴和启发。类似的行为或者现象在社会学、文化研究、管理、营销等领域可能有不同的叫法，对应不同的概念，但是其本质是很接近的，也可能不同的领域所关注的是同一个概念的不同维度。所有这些组成了真正意义上的"相关文献"。以此为基础来定位自己的研究，在相关学术讨论的背景中界定研究的贡献，这才是有理有据，令人信服的。换句话说，文献回顾为在"讨论"部分进一步表述研究贡献，垫上三明治底层的面包，埋下了伏笔。

| 6.3 方法部分的写作 |

质性研究在方法的表述上要做到三点：个人化、综合性、透明化（Bansal & Corley，2012）。

质性研究的开展有较强的个人性。研究者为了临近所关注的现象而经历的旅程往往都不是以线性路径逐步推进的，每一位研究者的调研历程都是独特的。这与研究者在选择上所享有的自由度有关系。以什么方式做访谈？在哪里进行民族志研究？怎样对获得的数据进行分析？……在面对这些问题时，研究者都可以根据研究问题的需要和他们自身的判断与习惯采取最合适、最可行的方案，包括调研过程中根据具体条件，审时度势地对工作计划做出调整。这里既没有标准化的数据，也没有标准化的分析方法和检验方式。因此，研究者在介绍研究方法时，非常关键的就是详细地描述和解释数据的来源和分析过程。有些研究者还倾向于把对研究的构思和启动情况都交代清楚，甚至在文章的方法部分明确指出作者应一位审稿人的要求，补充了一个类似场景下的研究。对研究构思的来龙去脉以及调研内容做全面的介绍与阐释主义质性研究推崇的层递式理论构建模式相吻合。更重要的是，这样的做法也是对研究本身的质量，尤其是数据收集工作的质量的展示，突出了数据和理论结论的可靠性，有助于建立研究者的可信度。质性研究的写作，特别是方法部分的写作，通常都是使用第一人称的，作者对方法和数据收集过程的描述往往带有一定的反思意味。在质性研究中，尤其是调研的前期，研究者经常发现数据呈现出的主题和方向与他们最初的设想有较大的出入，于是谨慎地对研究的侧重进行及时调整。这种情况都需要写进研究方法部分。

多数质性研究很难做到以非常规整的形式来呈现数据。这对研究者在表达上的创造力提出了很高的要求。其实，这也正是质性研究写作比较有趣的一面。常见的做法是按照时间顺序介绍各种类别的数据和各类数据的收集过程。有些管理领域的学者喜欢用编码结构来介绍数据，把数据展示出来，帮助读者看到原始数据与分析过的数据，分析过的数据与构建的理论之间的联系。不管具体的形式如何，方法部分对数据的描述和介绍应该起到的作用是把读者带到研究情境中，让他们从研究所聚焦的现象中，从研究者提出的理论所依托的证据中获得一种个人的体验。其中的挑战是在满足期刊对篇幅的限制的同时充分展示数据的深度和丰富性。研究者要在大量数据中无限的可能性面前，排除无关的部分，以显示坚实的学术训练基础。

有些研究中，需要在方法部分对研究情境做单独的介绍。需要注意的是情境构建与研究地介绍的区别。构建情境是要描述研究发现（研究所识别的关系、规律、本质等）得以存在和发生发展的条件，而不是对一家企业或者机构的自然条件和历史沿革的泛泛介绍。在写作零售仪式的文章时，由于创业情结在员工文化中的作用是我们研究发现的重要内容，所以在研究方法部分，我们特意用图展示了研究地企业的发展历史，突出了企业改制前后的对比及改制后经营中的里程碑事件，设定了创业情结的情境（Liu et al.，2019）。这也是一个例子，说明质性研究者在撰写研究发现过程中，随着诠释角度的摸索和确定，可能需要重新评估和认识一些数据的重要性和相关性，这必然导致对方法部分在内容和表述方式上的调整。

| 6.4　研究发现的写作 |

在表述研究发现的时候，要把握一个原则，就是要用数据向读者展示观点和结论是什么意思，而不是直接陈述观点和结论。研究者要相信，读者对整体的理解是他们对细节和特殊性达到充分认识后的自然结果。Spradley（1979）指出，研究发现有六个层次。

第一个层次是最具普遍性的阐述。研究者以特定的场所、事件或者人群为情境，提出有关普遍性体验的说法。研究者的结论涉及所有人，比如所有企业决策者，所有品牌经理，所有"00后"消费者，所有这些人的行为、文化、处境，等等。初学者往往更专注于细节，常会感觉这种从具体到普遍，从特殊到一般的跨度太大，不好把握。但是质性研究的目的是从具体现象上洞察出其本质，这个本质往往就是普遍性的意义和规律。

第二个层次是跨文化的阐述。在这个层次上，抽象出来的知识和结论是关于某个或者某类文化和社会群体的。基于文化情境差异的研究就属于这一类，比如对城乡消费活动的研究，对创业公司与传统公司市场战略的研究，对劳动密集型服务企业与高科技信息服务企业服务模式的研究。跨文化描述帮助研究者和读者把一个文化场景放到更广大的图景中去。研究者意在表明，这个文化场景不仅仅代表特殊的小圈子，从本质上，它和许多其他的文化情景一样，同时也有所不同。这类结论阐释的是文化的一个特殊维度。

第三个层次是对一个群体或者社会的普遍性阐述。这类说法看起来

是很特定的，但事实上却是非常通用的和一般性的。研究者可以对一个
群体里面反复出现的现象和场景形成普遍意义上的结论。换句话说，研
究者描述的对象是一类现象的代表，比如，代表一类企业，或者代表一
类消费行为。

第四个层次是对一个特定的文化场景的普遍性阐述。在这个层次上，
研究者可以形成很多说法，这在质性研究报告里最为常见。另外，调研中，
访谈对象也经常会给出这类的结论。这是对特定群体的描述，代表一种
抽象的认识。每种文化都充满了这种较低层次的抽象认识。在写作中，
研究者要做的是把文化主题呈现给读者。研究者可以从访谈对象的讲述
里找到一段话、一个词或者一个说法来表达这些主题。这样的表达虽然
只取材自一个访谈对象，但是往往都能生动地捕捉到研究地发生的事件
和出现的行为的文化本质。更重要的是，研究者用访谈对象的原话作为
主题或者表达观点，有助于读者获得一种临在感，让读者对研究者洞悉
的文化有更直接的了解和接触。

第五个层次是对文化范畴的特定阐述。在这个层次，研究者大量地
使用研究对象中流行的说法和语汇，以及他们对文化的具体细节的深度
描述。研究者侧重展示研究对象是怎样使用这些说法和术语的，以便梳
理出他们眼中文化元素的类型，包括事件的类型、物品的类型、活动的
类型，等等。通过呈现研究对象使用的术语和用语，研究者只能揭示现
象的一个部分。为了让读者充分了解这些术语的意涵，对研究洞悉的现
象产生较为全面的了解，研究者在写作过程中要对这些"来自本土"的
说法做出大量的描述和说明。

第六个层次是对事件的陈述。这个层次的描述与前五个都不同。这
个层次的描述直接把读者带到真实行为、物品面前，让读者"亲眼"看
到这些方面——读者能够亲眼看到发生了什么，怎么发生的，甚至感受
到研究对象当时的感受。研究者并不是直接告诉读者研究对象知道什么，
研究对象是怎样基于他们的知识而采取行动的，他们是怎样诠释事物的，

而是向读者展示在研究地的现实环境中发挥作用是怎样的文化知识。

在理想情况下，民族志研究应该包括以上六个层次的描述和阐释。为了有效地把一个文化中的意义传递给读者，研究者需要平衡这六类描述的相对比例。学术期刊面向的是学术共同体，因此第一个和第二个层次的阐述要占主体。大部分工作论文使用第三个层次和第四个层次的阐述，有时候也包括第五个层次的描述。这里面读者看到的是骨架，没有血肉。与此相对应的情况是研究者没有给出普遍性阐述，只提供充满细节的描述。这样的文章读起来尽管有趣，但是不能让读者看到一个文化的总体结构，也没有捕捉到文化的本质，与质性研究的根本出发点是远离的。有经验的研究者在写作中一般采取"抓住两头"的策略，把最抽象的和最具体的结合起来，在对具体和细节的描述中向读者展示抽象，让读者看到树，也看到林。

如果说质性研究的本质是"故事"，那么研究者通过写作构建的故事里必须得有两条主要线索，一条是理论线索或者理论叙事，另一条是数据线索或者数据叙事。前者包括现有理论和研究构建的理论，后者由对数据收集的描述，呈现出来的分析步骤和过程，以及在研究发现中展示的真实数据构成。这两条线索交织在一起，才有了讲出一个令人信服的故事的可能性。质性研究不像量化研究，数据和理论是明确标识出来的。质性研究中，数据让读者看到理论的情境，研究者提出的理论让读者看到数据的意涵。现有理论起到的作用是为对数据的诠释提供一个背板，研究者对现象进行的深度描述和以此为基础构建出的理论把现象放置在新的视角和洞见下进行解析。在实际写作中，理论叙事和数据叙事的交叠体现在研究者报告他们的发现时，不时引用研究对象的讲述，或者不时对重要事件和行为进行详细的描述。在这个意义上，质性研究的写作文本和小说有点类似。

在撰写以期刊发表为目标的学术文章时，完整严密的理论线索要求作者在报告完研究发现后，还要花精力去构思和完成强有力的讨论。除了提纲挈领地总结研究发现，这个部分的重点是完成与相关领域的学术对话。为此，作者要立足于研究发现部分所呈现出来的数据分析和诠释，阐述研究与锚定理论／领域的联系，比如延伸、扩展，甚至颠覆。这要求复杂、充满活力的思考和表达。

　　质性研究的目的是创造新的知识，尤其是对现象背后的"为什么"和"怎么样"的洞见。为了让读者理解和接受这些抽象的、理论化的、超越数据的（Wolcott，1994）论点和观点，作者需要给出相关数据和说明分析的逻辑。但是，人们了解一个事件，往往不一定需要知道每个细节。因此，在构建数据线索时，研究者要略去那些貌似有趣却不关键的细节，把篇幅留给表现力高的关键数据。

参考文献
References

贾旭东，谭新辉 . 2010. 经典扎根理论及其精神对中国管理研究的现实价值 [J]. 管理学报，7（05）：656-665.

贾旭东，衡量 . 2016. 基于"扎根精神"的中国本土管理理论构建范式初探 [J]. 管理学报，13（03）：336-346.

李飞，路倩 . 2011. 案例研究：适合构建管理的中国理论吗——关于由案例构建理论问题的讨论述评 [J]. 中国零售研究，（01）：117-140.

吕力 . 2013. 管理学案例研究方法 [M]. 北京：经济管理出版社 .

刘茜，许高翔，贾思雪，王娴 . 2020. 消费者医疗健康习惯的培育：以 WT 糖尿病管理 APP 为例 [J]. 营销科学学报 55：18-27.

毛基业，张霞 . 2008. 案例研究方法的规范性及现状评估——中国企业管理案例论坛（2007）综述 [J]. 管理世界，（04）：115-121.

毛基业，苏芳 . 2016. 案例研究的理论贡献——中国企业管理案例与质性研究论坛（2015）综述 [J]. 管理世界，（02）：128-132.

毛基业，李亮 . 2018. 管理学质性研究的回顾、反思与展望 [J]. 南开管理评论，21（06）：12-16.

苏敬勤，崔淼 . 2011. 工商管理案例研究方法 [M]. 北京：科学出版社 .

周志民，郑雅琴，陈然，饶志俊 . 2012. 网络志评析：一种探索在线社群的定性方法 [J]. 经济与管理评论，28（03）：47-53.

ADLER, P. A. & ADLER, P. 1987. Membership roles in field research [J]. Qualitative Research Methods.Newbury Park, CA: Sage Publications.

ADLER, P. A. & ADLER, P. 1994. Observational techniques [M]. In N. K. DENZIN & Y. S. LINCOLN (Eds.), Handbook of Qualitative Research(pp. 377–392). Thousand Oaks, CA: Sage Publications.

ALVESSON, M. 2003. Beyond neo positivists, romantics and localists: A reflexive approach to interviews in organizational research [J]. Academy of Management Review, 28 (1), 13-33.

ALVESSON, M. & KARRENMANN, D. 2011. Qualitative research and theory development: Mystery as method [M]. Thousand Oaks, CA: Sage.

ANDERSON , P. 1983. Marketing, scientific progress and scientific methods [J]. Journal of Marketing, 47, 18-31.

ANFARA, V. & MERTZ, N. 2006. Theoretical frameworks in qualitative research [M]. Thousand Oaks, CA: Sage.

ANGROSINO, M. 2007. Doing ethnographic and observational research [M]. London: Sage.

ARNOULS, S. & FISCHER, E. 1994. Hermeneutics and consumer research [J]. Journal of Consumer Research, 21 (1), 55-70.

ARNOULD, E. & WALLENDORF, M. 1994. Market oriented ethnography: Interpretation building and marketing strategy formulation [J]. Journal of Marketing Research, 31: 484-504.

BAGOZZI, R., YI, Y. & PHILLIPS, L. 1991. Assessing construct validity in organizational research [J]. Administrative Science Quarterly, (36): 421-458.

BANSAL, P. & CORLEY, K. 2012. What is Different about Qualitative Research? [J]. Academy of Management Journal, 55(3): 509-513.

BECHKY, B. A. 2003. Sharing meaning across occupational communities: The transformation of understanding on a production floor [J]. Organization Science (14):312-330.

BECKER, H. S. 1998. Tricks of the Trade: How to Think about Your Research While You're Doing It[M]. Chicago, IL: University of Chicago Press.

BELK, R. (Ed.). (2006). Handbook of Qualitative Research Methods in Marketing [M]. Cheltenham, UK: Edward Elgar.

BELK, R., FISCHER, E. and KOZINETS, R. V. 2013. Qualitative Consumer & Marketing Research [M]. LA: Sage.

BELK, R. & SOBH, R. 2018. No assemblage required: On pursuing original consumer culture theory [J]. Marketing Theory, 19 (4), 489-507.

BERGER, P. & LUCKMANN, T. 1966. The Social Construction of Reality: A Treatise in the Sociology of Knowledge [M]. Garden City, NY: Anchor Books.

BOOTH, W. C. & COLOMB, G. G. 2008.The Craft of Research （3rd ed.） [M]. Chicago, IL: University of Chicago Press.

BRADSHAW, A. & BROWN, S. 2008. Scholars who stare at goats: The collaborative circle cycle in creative consumer research [J]. European Journal of Marketing, 42 (11/12), 1396-1414.

CARTER, D. 2005. Living in virtual communities: An ethnography of human relationships in cyberspace [J]. Information, Communication and Society, 8 (2): 148-167.

CATTERALL, M. 1998. Academics, practitioners and qualitative market research [J]. Qualitative Market Research, 1 (2), 69-76.

CHARMAZ, K. 2010. Constructing Grounded Theory: A Practical Guide through Qualitative Analysis [M]. Thousand Oaks, CA: Sage Publications.

CHERNY, L. 1999. Conversation and Community: Chat in a Virtual World [M]. Stanford: Center for the Study of Language and Information.

CLIFFORD, J. 1988. The Predicament of Culture: Twentieth-century Ethnography, Literature, and Art [M]. Cambridge, MA: Harvard University Press.

CRESSWELL, J. 2007. Qualitative Inquiry and Research Design: Choosing among Five Approaches (2nd ed.) [M]. Thousand Oaks, CA: Sage.

DOHAN, D. & SANCHEZ-JANKOWSKI, M. 1998. Using computers to analyze ethnographic data: Theoretical and practical considerations [J]. Annual Review of Sociology (24): 477-498.

EISENHARDT, K. M. 1989. Building theories from case study research [J]. Academy of Management Review, 14: 532-550.

EISENHARDT, K. M. 1991. Better stories and better constructs: The case for rigor and comparative logic [J].Academy of Management Review, 16 (3), 620-627.

EMERSON, R. M., FRETZ, R. I., SHAW, L. L. 2011. Writing Ethnographic Fieldnotes (2nd ed.) [M]. Chicago: The University of Chicago Press.

GEERTZ, C. 1973. The Interpretation of Culture [M]. New York: Basic Books.

GLASER, B. (2001). The Grounded Theory Perspective: Conceptualization Contrasted with Description [M]. Mill Valley, CA: Sociology Press.

GLASER, B. G. & STRAUSS, A. L. 2007. The Discovery of Grounded Theory: Strategies for Qualitative Research [M]. Hawthorne, NY: Aldine de Gruyter.

GOLDEN-BIDDLE, K. & LOCKE, K. 2007. Composing Qualitative Research (2nd ed.) [M]. Thousand Oaks, CA: Sage Publications.

GUMMESSON, E. 2005. Qualitative Research in Marketing: Road-map for a wilderness of complexity and unpredictability [J]. European Journal of Marketing, 39(3/4): 309-327.

HIRSTCHMAN, E. 1986. Humanistic Inquiry in Market Research: Philosophy, Method and Criteria [J]. Journal of Marketing Research, 23: 237-249.

IBARRA, H. 1999. Provisional selves: Experimenting with image and identity in professional adaptation [J]. Administrative Science Quarterly, 44: 764-791.

JONES, R. & NOBLE, G. 2007. Grounded theory and management research: A lack of integrity? [J]. Qualitative Research in Organization and Management, 2 (2), 84-103.

KOZINETS, R. V. 2010. Netnography: Doing Ethnographic Research Online [M]. London: Sage.

LANGER, R. & BECKMAN, S. C. 2005. Sensitive research topics: Netnography revisited [J]. Qualitative Market Research: An International Journal, 8 (2), 189-203.

LANGLEY, A. 1999. Strategies for theorizing from process data [J]. Academy of Management Review, 24 (4): 691 – 710.

LINCOLN, Y. & GUBA, E. G. 1985. Naturalistic Inquiry [M]. Beverly Hills, CA: Sage.

Liu X., Mi, B., Li, F. & Zou, D. 2019. Ritualized retail events and brand-centric employee culture [J]. Qualitative Market Research, 22(3): 250-269.

LYSLOFF, R. T. A. 2003. Musical community on the Internet: An on-line ethnography [J]. Cultural Anthropology, 18 (2): 233-263.

LOCKE, K. 2002. Grounded Theory in Management Research [M]. Thousand Oaks, CA: Sage Publications.

LOCKE, K., GOLDEN-BIDDLE, K. & FELDMAN, M. 2008. Making doubt generative: Rethinking the role of doubt in the research process [J]. Organization Science, 19(6): 907–918.

LOFLAND, J., SNOW, D. A., ANDERSON, L. & LOFLAND, L. H. 2005. Analyzing Social Settings: A Guide to Qualitative Observation and Analysis [M]. Belmont, CA: Wadsworth Publishing.

LUKER, K. 2008. Salsa Dancing into the Social Sciences: Research in an Age of Info-glut [M]. Cambridge, MA: Harvard University Press.

MARCUS, G. 1998. Ethnography Through Thick and Thin [M]. Princeton, NJ: Princeton University Press.

MARKHAM, A. N. 1998. Life Online: Researching Real Experience in Virtual Space [M]. Walnut Creek, CA: Altamira.

MARSHALL, C., & ROSSMAN, G. 2011. Designing Qualitative Research (5th ed.) [M]. Thousand Oaks, CA: Sage.

MOSCO, V. 2004. The Digital Sublime [M]. Cambridge, MA: MIT Press.

OLANIRAN, B. 2008. Electronic tribes (E-tribes): Some theoretical perspectives and implication. In L. A. TYRONE & SMITH, S. A. (Eds.), Electronic tribes: Virtual worlds of geeks, gamers, shamans and scammers. Austin, TX: University of Texas Press, 36-57.

PRADSAD, P. 2005. Crafting Qualitative Research: Working in the Postpostivist Traditions [M]. Armonk, NY: M. E. Sharpe.

PRATT, M. G. 2009. From the Editors: For the Lack of a Boilerplate: Tips on Writing up (and Reviewing) Qualitative Research [J]. Academy of Management Journal, (52) 5: 856-862.

RICHARDS, L. 2005. Handling Qualitative Data: A Practical Guide [M]. London: Sage.

SALDANA, J.2011. The Coding Manual for Qualitative Researchers [M]. London: Sage.

SILVERMAN, D. 2011. Interpreting Qualitative Data: A Guide to the Principles of Qualitative Research [M]. Los Angeles, CA: Sage.

SPRADLEY, J. P. 1979. The Ethnographic Interview [M]. Belmont, CA: Wadsworth.

STRAUSS, A. & CORBIN, J. 1998. Basics of Qualitative Research: Techniques and Procedures for Developing Grounded Theory [M]. Thousand Oaks, CA: Sage.

SUTTON, R. 1997. The Virtues of Closet Qualitative Research [J]. Organization Science, 8(1), 97-106.

VAN MAANEN, J. 2011. Tales of the field: On writing ethnography (2nd ed.) [M]. Chicago: University of Chicago Press.

WILLIAMS, J. P. & COPES, H. 2005. How edge are you? Constructing authentic identities and subcultural boundaries in a Straightedge Internet forum [J]. Symbolic Interaction, 28 (1), 67-89.

WOLCOT, H. 2001. Writing up Qualitative Research [M]. Thousand Oaks, CA: Sage.

WOLCOT, H. 1994. Transforming Qualitative Data [M]. Thousand Oaks, CA: Sage.

WOLFINGER, N. H. 2002. On writing fieldnotes: Collection strategies and background expectancies [J]. Qualitative Research, 2 (1), 85-95.

WEISS, R. S. 1994. Learning from Strangers: The Art and Method of Qualitative Interview Studies [M]. New York: The Free Press.

ZALTMAN, G., LE MASTERS, K. & HEFFRING, M. 1982. Theory Construction in Marketing: Some Thoughts on Thinking [M]. New York: John Wiley & Sons.

致 谢
Thanks

感谢清华大学经管学院市场营销系的同事，在他们的支持下，2013年秋季，质性研究方法这门专业选修课终于准备成熟并首次开课。感谢曾经选修质性研究方法课的博士生们，他们的活力和好奇心督促我不断学习和思考，也是我下决心写这本书，把课堂上的讲授和探讨与更多学者进行分享的动力。感谢2018年秋季选课的博士生许高翔、温雅、衡量、张开迪、林燕玲、刘桂林和助教王娴。他们在课堂上汇报读书心得时被我一次一次打断和提问，为我创造了以剥洋葱的方式解读访谈、民族志、网络志等方法在具体应用时的理论考量的机会。这本书以对谈的形式呈现了我们的讨论，希望对读者理解怎样恰当地使用几种主要的质性方法，恰当地展开对营销和管理相关问题的阐释主义研究有所帮助。感谢清华大学出版社编辑刘志彬先生、朱晓瑞先生在本书出版过程中耐心细致的支持与协助。

本书由清华大学文科出版基金支持出版，在此致以谢意。